실전 누구나 쉽게 할 수 있는
적립식펀드 투자
길라잡이

실전 누구나 쉽게 할 수 있는
적립식펀드 투자
길라잡이

| 김재욱 지음 |

중앙경제평론사

머리말

"어디에 투자해야 할까요?"
"얼마 정도 있으면 노후생활이 보장될까요?"
"지금 펀드에 투자해도 될까요?"

여러 사람이 만나는 곳에서 필자에게 향하는 공통적인 질문이다.

얼마 전 거래은행을 찾았을 때의 일이다.

담당 직원이 필자에게 적립식펀드 팸플릿을 보이더니 "선생님, 펀드에 투자해보시지요?"라고 하면서 펀드투자를 권유했다.

"주가가 너무 올라 떨어질 가능성이 많은데 투자해도 되겠어요?"라고 반문해보았다. 그 직원이 펀드투자에 관해서 어느 정도 알고 있는지 시험해보고 싶어서였다.

"작년에는 수익률이 매우 높았는데요."

"작년에 많이 올랐으니까 금년에는 떨어질 확률이 높지 않겠어요?"라고 물었더니, 그 직원은 멋쩍게 웃으면서 아무 말도 하지 않았다.

그러나 그 직원이 적립식펀드의 특성에 대해 제대로 알고 있었더라면 다음과 같이 대답할 수 있었을 것이다.

"주가가 앞으로 일정 기간 떨어진다고 하더라도 적립식으로 계속 투자하십시오. 주가가 현재 수준으로 회복되기만 하면 상당한 수익이 날 수 있습니다."

이 책은 일부 전문가만을 위해 쓴 책은 아니다. 투자나 재테크에 관심이 있는 사람은 버스나 전철 안에서 시간이 날 때 부담 없이 읽어볼 수 있는 책이다. 읽고 난 후에는 뭔가 감이 잡힐 것이다.

그럼 앞에서 한 질문에 대답하겠다.

"펀드에 투자하는 것이 좋습니다."
"현재의 다른 소득이나 재산 상태 그리고 나이에 따라 다르겠지요."
"적립식펀드라면 지금이라도 투자하십시오."

김재욱

차 례

프롤로그 10

1장 새로운 투자 패러다임
- 투수와 투자자 15
- 투자의 패러다임이 바뀌다 17
- 모든 달걀을 한 바구니에 담지 마라 21
- 저금리 극복의 최적 투자수단 25
- 펀드투자의 제도적 지원 31
- 미국의 적립식투자 패러다임 35

2장 적립식펀드, 기본부터 알고 시작하자
- 왜 펀드투자인가 43
- 적립식펀드 투자의 매력 45
- 적립식펀드 투자의 문제점 49
- 펀드운용은 누가 하나 52
- 투자신탁설명서는 무엇인가 57
- 펀드는 어떻게 운용하나 59
- 펀드운용에 지불하는 비용 64
- 적립식펀드의 함정 68

3장 적립식펀드의 다양한 유형

- 운용 대상자산에 따른 분류 75
- 유가증권의 종류와 투자비율에 따른 분류 77
- 운용회사의 국적에 따른 분류 80
- 주식형펀드의 종류 83
- 채권형펀드의 종류 90
- 실물자산의 유형에 따른 분류 93

4장 적립식펀드 투자의 성공조건

- 왜 적립식펀드인가 99
- 적립식투자와 거치식투자의 차이 101
- 적립식펀드의 매입단가 하락효과 105
- 적립식펀드 투자의 성공요건 110
- 적립식펀드의 투자효과 112
- 적립식펀드 투자시 확인할 것 115
- 채권형 적립식펀드 121
- 펀드운용회사와 펀드매니저 123
- 펀드평가회사 이용 127

5장 실전 적립식펀드 투자 요령

- 적립식펀드 가입 133
- 적립식펀드 환매 138
- 펀드수익에 대한 세금 141
- 펀드수익률 계산 방법 144
- 펀드통장 읽는 법 149
- 투자펀드 관리 요령 154

6장 내 체질에 맞는 펀드 고르기

- 펀드투자를 위한 기본전략 161
- 인덱스펀드 : 주가지수 수익률을 따라가고자 할 때 164
- 리버스 인덱스펀드 : 주가조정기에 수익을 얻고자 할 때 168
- 해외펀드 : 성장성이 높은 해외시장을 겨냥할 때 171
- 황금펀드 : 달러가격의 하락이 예상될 때 178
- 실물자산펀드 : 심한 인플레이션이 예상될 때 181

7장 유형별 펀드투자

- 대상자산 검토 187
- 포트폴리오 구성 191

부록 : 국내 자산운용사 197

프롤로그

적립식펀드가 몰고 온 변화

주식시장이 새로운 한 시대를 열어가고 있다. 2005년 10월과 11월에는 각각 1조 원 내외의 금액이 적립식펀드로 몰렸다. 2005년 3월에 6조 5천억 원의 수신고를 기록한 주식형펀드가 12월 말 현재 13조 5천억 원 수준을 기록하였다. 펀드의 수신고가 9개월 만에 무려 2배 이상 불어난 것이다.

> 코스피지수 1,380포인트, 적립식펀드 13조 5천억 원, 주식형 적립식펀드 9조 5천억 원

우리나라 펀드 역사 30년에 새로이 등장한 적립식펀드가 전체 펀드 수신고의 절반 이상을 차지한 것은 경이로운 기록이라고 할 수 있다.

이러한 외형적인 성장 외에도 질적 내용인 투자패턴의 변화가 더욱 바람직한 현상인데, 이는 2004년 자산운용업법 제정 이후 불어닥친 간접투자 바람 때문에 생긴 것이다. 즉 증권시장의 투자패턴이 직접투자에서 간접투자로 바뀌고, 단기투자에서 장기투자로 전환된

것이 그것이다.

여기에도 일등공신은 바로 적립식펀드이다. 펀드의 외형성장은 뭉칫돈이 유입했기 때문이 아니라 매달 일정 금액을 자유롭게 적립하는 투자형식에서 온 것이며, 투자기간도 장기투자로 패턴이 바뀌었다. 따라서 경제여건의 조그만 변화에도 요동치던 주식시장이 상당히 안정적으로 변모하고 있다.

이와 같이 우리나라에 바람직한 투자문화를 정착시킨 주인공인 적립식펀드는 과연 무엇일까? 적립식펀드라는 상품을 어떻게 활용하여야 좀더 현명한 투자결과를 얻을 수 있을까? 하나하나 꼼꼼히 살펴보자.

1장

새로운 투자
패러다임

1 투수와 투자자

사회생활을 하면서 투자라는 말을 자주 한다. 이 투자의 원리를 야구경기의 투수에 비유하여 생각해보자. 야구경기에서 투수는 상대 타자가 공을 칠 수 없게 하면서 자신이 던지려고 하는 구질의 공을 포수에게 던져야 한다.

이때 투수는 상대 타자에게 왜 던지며, 어디로 어떻게 던질지 마음속으로 결정하고 공을 던진다. 스트라이크를 내리던져 타자를 삼진 아웃시킬지, 일부러 포볼을 던져 타자를 1루로 보낼지 먼저 정한 뒤에 이에 적합한 구질과 코스를 선택하여 공을 던지는 것이다.

그러나 투수가 던진 공이 자신의 의도대로 되지 않고 홈런이나 안타를 맞는 경우도 많이 있다. 이것은 여러 가지 요인이 생겨 투수의 의도와는 달리 구질이나 코스가 달라지기 때문이다. 여기서 말하는 여러 가지 요인에는 투수의 컨디션뿐만 아니라 날씨, 관중석의 분위기 나아가 동료선수와의 호흡까지 포함된다. 이러한 여러 가지 요인 때문에 투수가 홈런을 얻어맞거나, 상대편 주자에 대한 견제에 계속 실패한다면 투수는 마운드에서 내려와야 한다.

투자의 세계도 이와 마찬가지다. 투자(投資)라는 말은 돈(資)을 던지는(投) 행위이다. 특정한 이익을 얻기 위하여 돈을 던지는 자를 투자자(投資者)라고 한다면, 투자자는 투자하기 전에 '왜(why)' 돈을 던지는지 그리고 '어디로(where)', '어떻게(how)' 돈을 던져야 할지 결정하여야 한다.

따라서 투자자는 투자하기 전에 투자목적, 투자대상, 투자방법 등을 결정해야 한다. 즉 '돈을 벌기 위한 것'이라는 투자의 목적과 '주식을 사자'라는 투자의 대상 그리고 '주식형펀드를 적립식으로 투자하자'라는 투자의 방법 등을 정해야 한다.

그러나 투자의 세계에도 기업내부 요인뿐만 아니라 예상치 못한 여러 변수(경기, 금리, 환율변동 등)가 출현하여 투자환경이 급변하면서 투자자들을 울리는 결과가 셀 수 없이 나타난다. 투자의 세계에도 야구시합과 마찬가지로 승자만이 생존할 수 있는 게임의 룰이 철저하게 적용되는 것이다. 따라서 투자자는 프로야구의 투수 같은 프로정신을 가지고 투자의 세계로 뛰어들어야 한다.

투수가 공을 던지는 것과 마찬가지로 투자자는 투자목적, 투자대상, 투자방법 등을 미리 확정하고 투자의 세계로 뛰어들어야 한다.

2 투자의 패러다임이 바뀌다

간접투자로 전환

우리나라의 코스피지수는 IMF체제 아래에 있던 1998년 6월에 300포인트 이하로 빠진 뒤 1999년 7월 1년여 만에 1,000포인트를 돌파하였다가 2001년 9·11 테러 당시 다시 480포인트 이하로 하락한 다음 2002년 4월 950포인트로 다시 상승하였다. 2003년 또다시 510포인트로 하락하였다가 2005년 말 현재 1,380포인트로 상승하는 등 상승과 하락을 반복하면서 고공비행을 계속하고 있다.

이런 상황에서 투자자들은 주가 하락과정에서는 매도하지 못하고 상당 기간 참고 버티다가 주가가 완전히 바닥권으로 떨어진 뒤에야 더욱 하락할 것을 우려하여 투매해버리는 일이 비일비재하였다. 그 뒤 주가가 바닥에서 다시 상승하기 시작하여도 주가상승에 대한 확신보다는 주가의 추가 하락에 대한 경계심이 앞서기 때문에 매수를 망설이는 사이에 주가는 이미 상당한 수준으로 올라서 행동력이 부족한 자신을 원망하는 경우도 많이 보았다.

계속된 실패에 따른 학습효과 때문인지 투자자가 인식하게 된 것은 매수를 위한 적절한 투자 타이밍 파악이 너무 어려우며, 투자손실의 정도도 개별종목에 대한 투자가 포트폴리오를 구성한 펀드투자보다 훨씬 크다는 것이다. 또한 세계적으로 저금리 현상이 지속되어 은행권의 4% 미만의 금리로는 만족할 수 없는 자금이 증권시장으로 집중하게 되었다.

이러한 다양한 배경 속에서 펀드투자라는 간접투자의 새로운 투자 패러다임이 등장하게 되었다. 펀드의 선진국인 미국도 1987년 10월 미국 역사상 주가하락폭이 가장 컸던(-22.6%) 블랙 먼데이(Black Monday) 이후 투자자들 사이에 직접투자를 기피하는 분위기가 확산되면서 간접투자로 전환되는 계기를 맞이하였다.

직접투자와 간접투자

투자하는 방법은 직접투자와 간접투자로 나눌 수 있다. 직접투자는 투자자 자신이 직접 의사결정을 하여 투자대상자산을 찾아서 투자하는 행위이고, 간접투자는 전문운용회사에 수수료를 지불하고 운용을 위임하는 행위이다. 직접투자할 때는 투자자 개인이 투자에 관련된 각종 정보나 자료를 직접 수집하여 이를 분석·검토하고 매매에 관한 최종 의사결정까지 직접 하여야 한다. 그러나 개인이 이를 직접 담당하기에는 전문지식이 부족할 뿐만 아니라, 설사 가능하다고 하더라도 이에 시간과 비용이 너무 많이 들어가므로 비경제적이다.

그러면 간접투자는 어떠한가? 간접투자는 전문운용기관에서 투자에 관한 모든 의사결정을 대신해주므로 일반투자자의 시간과 노력, 비용을 덜어주며, 분산투자를 하여 투자에 따르는 위험을 상당 부분 덜 수 있다.

자동차를 타고 어느 목적지를 향해 여행하는 경우를 생각해보자. 자기가 직접 승용차를 운전하여 목적지까지 간다면 도로사정이나 기후 등 제반 상황을 스스로 파악하여 해결하면서 가야 한다. 그러나 택시를 이용한다면 뒷자리에 등을 기대고 앉아 주변 경관을 구경하면서 편안하게 목적지까지 갈 수 있다. 그러나 택시를 이용할 때는 택시비를 내야 하는 것처럼 투자전문기관을 활용하여 간접투자를 할 때는 직접투자와는 달리 일정액의 비용, 즉 신탁보수를 부담해야 한다. 이것이 간접투자인 펀드투자가 갖고 있는 단점이라고 할 수 있다.

그러나 간접투자는 직접투자할 때 따르는 여러 가지 문제를 해결해준다. 자산운용회사의 주식형펀드에 가입하면 비교적 적은 투자자금으로 여러 종목을 동시에 매입하는 분산투자 효과를 얻어 투자위험을 줄일 수 있다. 또 전문적인 펀드매니저가 그때그때 상황에

직접투자와 펀드투자 비교

구분	직접투자	펀드(간접)투자
매매대상	개별종목	다양한 운용자산
운용주체	투자자 개인이 직접 담당	전문가인 펀드매니저가 담당
투자판단	개별종목별 상황에 따라 판단	시장 전체의 상황과 위험을 고려하여 판단
거래수수료	소액거래이므로 수수료 높음	거액거래이므로 수수료 낮음
세금	매매차익은 비과세 이자소득과 배당소득 부담 매도시 증권거래세 부담	매매차익 비과세 이자소득과 배당소득 부담
환매방법	3일째 수도결제	언제든지 환매 가능 입금은 4일째 실현

맞게 포트폴리오를 수정하기 때문에 종목선정에 대해 고민할 필요가 없어진다.

여행을 안전하게 즐기기 위해 전문가인 여행가이드의 도움을 받으면 목적지까지 편리한 교통수단을 제공받을 뿐만 아니라 여행경비와 시간을 절약할 수 있다. 마찬가지로 간접투자는 시간과 전문적 투자지식이 부족한 투자자들에게 목표수익을 얻게 해주는 가장 근접한 투자수단이라고 하겠다.

간접투자는 전문운용기관에서 투자에 관한 모든 의사결정을 대신해주므로 직접투자에 따르는 시간과 노력, 비용을 덜어주며, 분산투자에 따르는 투자위험을 줄일 수 있다.

3

모든 달걀을 한 바구니에 담지 마라

투자속담 가운데 '모든 달걀을 한 바구니에 담지 마라' 라는 말이 있다. 이 말은 투자할 때 투자대상 자산을 한 가지 유형의 자산에 집중하지 말고 여러 유형의 자산에 분산하여 투자에서 발생할 수 있는 위험을 줄여야 한다는 말이다. 이는 여러 유형의 자산가격이 동시에 하락할 확률(위험)이 한 가지 유형의 자산가격이 하락할 확률(위험)보다 더 작기 때문이다.

이와 같이 투자위험을 줄이기 위하여 여러 유형의 자산에 분산하여 투자하는 자산의 집합체를 포트폴리오(portfolio)라고 한다.

포트폴리오는 주식 등 유가증권의 집합체뿐만 아니라 투자 가능한 모든 자산, 즉 부동산, 선박, 항공기, 금, 원자재 등 실물자산에까지 그 범위를 확대할 수 있다. 따라서 분산투자의 효과는 특정 투자대상에 집중하여 투자하기보다는 다양한 투자대상에 분산하여 투자 위험이 줄어드는 것을 말한다.

다음 표는 1억 원을 투자할 때, 경기상황에 따른 확률과 그때의 A, B 두 투자대상의 수익률을 나타낸 것이다. 편의상 투자대상은 A, B 밖에 존재하지 않고 투자자는 갑, 을, 병 세 사람이라고 가정하여 이 경우 분산투자의 효과를 살펴보자.

분산투자의 효과

구분		확률	수익률(%)	
			투자대상(A)	투자대상(B)
경기 상황	상황(1)	0.5	10	6
	상황(2)	0.5	6	10

- 갑이 A자산에만 투자할 때 기대수익률

  $0.5 \times 10\% + 0.5 \times 6\% = 8\%$

이 경우 기대수익률이 8%여서 1억 원을 A에 투자할 경우 계산상 기대수익은 800만 원이 나오지만 실제 수익은 그렇지 않다. 실제 가능한 수익은 경기상황이 (1)일 경우 1,000만 원이고, (2)일 경우에는 600만 원이 된다.

- 을이 B자산에만 투자할 때 기대수익률

  $0.5 \times 6\% + 0.5 \times 10\% = 8\%$

이 경우에도 을이 1억 원을 B에 투자할 경우 기대수익은 A와 같이 800만 원이지만 이 또한 실제수익은 아니다. 실제는 경기상황이 (1)일 경우 600만 원이고, (2)일 경우에는 1,000만 원이 된다.

- 병이 A, B 두 가지 투자대상에 절반씩 투자할 때 기대수익률
  $[(0.5 \times 10\% + 0.5 \times 6\%) \times 1/2] + [(0.5 \times 6\% + 0.5 \times 10\%) \times 1/2] = 8\%$

병의 기대수익률도 개별자산에 투자한 갑과 을의 기대수익률과 같다. 그러나 실제로는 경기상황이 어떠한 경우라도 800만 원이 되어 기대수익률과 실제수익률이 일치한다.

세 사람의 투자방법에서 알 수 있는 것은 갑과 을은 기대수익과 실제수익이 다르지만, 병은 기대수익과 실제수익이 같다는 것이다. 이 말은 갑과 을의 실제수익은 경기변동에 따라 영향을 받지만, 병의 실제수익은 경기변동에 전혀 영향을 받지 않는다는 것이다. 즉 병의 투자방법이 가장 안전하다고 할 수 있다. 이와 같이 투자할 때 투자대상으로 하나만을 선택하는 것보다 여러 대상자산에 분산투자하여 위험을 줄일 수 있는데, 이를 분산투자의 효과라고 한다.

이런 현상은 개별 투자자산은 여러 가지 경제사정 등의 변화로 각각의 위험과 수익률이 다르게 나타나기 때문에 일어난다. 따라서 다양한 자산으로 포트폴리오를 구성하면 보유자산의 전체적인 위험을 줄일 수 있다. 이러한 분산투자는 주식형펀드에서만 할 수 있는 것

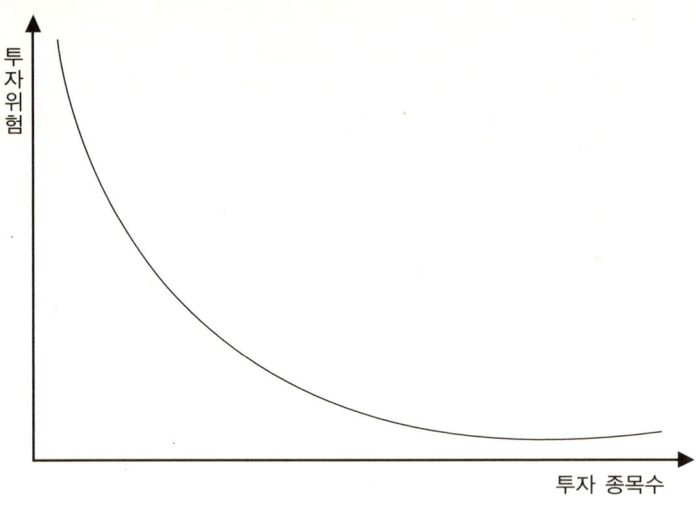

이 아니므로, 위험성이 높은 주식형과 안정성이 높은 채권형 그리고 유동성이 높은 단기성 자산펀드 등으로 포트폴리오를 구성할 수도 있다. 나아가 유가증권펀드, 부동산펀드, 실물자산펀드까지 그 대상을 확대하여 여러 유형의 펀드로 포트폴리오를 구성한다면 경기변동에 따른 위험을 더욱 줄일 수 있다.

> **TIP**
> 개별 투자자산은 여러 가지 경제사정 등의 변화로 각각의 위험과 수익률이 다르게 나타난다. 따라서 다양한 자산으로 포트폴리오를 구성하여 분산투자를 하면 보유자산의 전체적인 위험을 줄일 수 있다. 그 이유는 개별주식 하나가 하락할 확률이 전체 자산이 하락할 확률보다 훨씬 크기 때문이다.

4 저금리 극복의 최적 투자수단

현재 우리는 사상초유의 저금리시대를 맞이하여 4% 미만 정기예금의 금리가 5% 이상의 물가상승률을 따라가지 못하는 실질적인 마이너스 금리시대를 살아간다. 이와 반대로 사회보장제도가 미비한 상황에서 고령화 사회로 접어들어 노후생활을 위한 안전한 투자수단의 필요성이 더욱 커지고 있다.

저금리시대의 극복

일반적으로 금리는 '돈의 가치'를 말한다. 시중에 돈이 많으면 가치가 떨어지니까 금리가 하락하고, 돈이 부족하면 가치가 올라가니까 금리가 상승하게 된다. 바꾸어 말하면 시중에 돈이 많다는 말은 기업이나 개인이 새로운 투자대상을 찾지 못하기 때문에 돈을 더 필요로 하지 않는 상태라고 할 수 있다.

외환위기 당시에 회사채금리가 20%를 넘던 시대를 거쳐 현재는 명목금리 4% 내외의 저금리시대를 살아가고 있다. 여기에 5% 수준의 물가상승률을 감안하면 실질금리는 4%−5%=−1%, 즉 1%의 마이너스 금리시대를 살아가고 있다. 이 말은 돈을 은행에 넣어 저축하면서 살아가는 것보다는 현재 생활용품을 사서 창고에 쌓아두고 생활하는 것이 경제적인 의미에서는 좀더 유리한 생활방식이라는 것이다. 여기에 은행금리에 이자소득세 15.4%를 공제하면 4%×(1−0.154)=3.384%가 되어 문제는 더욱 심각해진다. 현재 1억 원이 있는 투자자가 은행에 예금하면 이자는 3,384,000원/12월=282,000원이 된다. 즉 한 달에 282,000원의 소득밖에 기대할 수 없다.

따라서 과거처럼 은행의 정기예금에서 나오는 이자를 가지고 노후생활 자금으로 활용하기에는 너무나 부족한 실정이다. 1억 원의 자금으로 월 30만 원의 이자소득이 발생한다면, 1가구당 6~7억 원의 금융자산이 있어야 최소한의 기본생활을 유지할 수 있다는 말이다. 우리나라에서 보유주택을 제외하고 6~7억 원의 금융자산을 가진 사람들은 상위 5% 이내에 불과하다.

따라서 좀더 나은 투자대상, 즉 안정성과 수익성을 동시에 갖춘 투자대상을 찾아서 투자해야 하는데, 이에 대한 대안으로 등장한 것이 적립식펀드에 대한 투자이다. 적립식펀드는 다양한 자산에 분산투자하기 때문에 상대적으로 안정성이 유지되며, 적립식으로 평균매입단가를 낮추기 때문에 수익성을 얻을 수 있는 적절한 투자수단이라고 할 수 있다.

> 명목금리 = 실질금리 = 물가상승률

노후에 대비하는 투자수단

고령화 사회 진입

경제가 선진화된 국가에서 공통적으로 겪는 현상이 인구의 고령화 문제이다. 우리나라에서도 어느새 고령화 사회(aging society)라는 말이 일반화되어 우리도 고령화 사회로 접어들었다는 사실을 보여주고 있다.

통계청의 발표에 따르면 우리나라는 2000년 말 현재 65세 이상 고령인구가 7.25%로 이미 고령화 사회에 진입하였으며, 2019년에는 14.4%에 육박하여 UN이 지정한 고령사회(aged society)에 진입할 것으로 예상한다. 즉 고령화 사회에서 고령사회로 넘어가는 데 10년밖에 걸리지 않아 OECD 국가 중에서도 선두를 달리고 있는 실정이다.

23년 동안 노후자금 필요

통계청이 발표한 보고서에 따르면 2005년 말 현재 한국인의 평균수명은 77.34세이며, 이 중 여자는 80.82세로 73.87세인 남자보다

연도별 평균수명의 추이								(연도, 세)
구분	1971	1981	1991	2000	2005	2010	2020	2030
평균수명	62.3	66.2	71.7	75.9	77.3	78.8	80.7	81.5
남 자	59.0	62.3	67.7	72.1	73.8	75.5	77.5	78.4
여 자	66.1	70.5	75.9	79.5	80.8	82.2	84.1	84.8

6.95세가 길다. 이 말은 일반 직장인이 55세까지 근무한 뒤 은퇴한다고 가정하면 23년 동안 별도의 소득 없이 더 살아야 한다는 말이다. 23년 동안 최저생활비인 월 150만 원으로 살아간다고 가정할 때 약 4억 5천만 원의 금융자산을 보유하고 있어야 한다는 계산이 나온다. 이것도 인플레이션에 따른 생활비의 증가나 질병이나 사고로 생기는 예상외 지출은 감안하지 않은 수치이다.

그러나 국민의 건강수명은 64.3세로 나머지 13년 동안은 각종 질병에 시달리며 살아야 하며, 이때 들어갈 의료비 등을 생각하면 더욱 많은 노후자금이 필요하다. 이러한 막대한 노후대비 자금을 단기간에 모으는 일은 사실상 불가능하다. 따라서 적어도 10~20년 정도 일정 금액을 수익성이 높은 적립식펀드에 투자한다면 불안한 노후대비에 청신호가 될 수 있을 것이다.

사회보장제도의 보완책

현대사회에서는 개인주의 사고방식의 팽배, 핵가족화의 진행 등으로 사회구조가 급격하게 변하고 있다. 이와 함께 사회가 발달함에 따라 생활에 대한 기대욕구의 증대, 소득분포의 불균형 등이 사회문제로 대두되고 있다. 그러나 사회보장제도에 따른 정부 차원의 보장은 개인의 기대수준에 훨씬 미치지 못하는 것이 현실이다.

따라서 국가가 국민에게 일정 수준의 생활을 보장해주는 사회보장, 기업이 종업원의 복리후생이나 퇴직 후의 안정된 생활을 보장해주기 위해 실시하는 기업보장 그리고 개인이 만족할 만한 생활까지 보장받기 위하여 스스로 준비하는 개인보장의 3대 보장이 적절히 조화를 이루어야 한다.

노후보장제도의 미흡

이러한 3대 보장제도도 현재 50대 이상의 장·노년층에게는 그림의 떡이다. 첫째, 국민연금은 적용대상인 가입근로자의 수가 많지 않고 시행연도도 짧아서 그 효과가 미미하다. 둘째, 기업연금도 이미 퇴직한 장·노년층에게는 특별한 의미가 없다. 구조조정으로 받은 약간의 퇴직금은 자녀교육자금이나 결혼자금으로 소진되기 때문이다. 셋째, 개인연금도 거의 준비하지 못했다. 왜냐하면 과거 우리의 경제사정은 현실생활에 급급하면서 자녀교육과 주택마련이 가장 중요한 과제였기 때문에 미래를 위한 보험이나 저축을 생각하기가 어려웠기 때문이다.

적립식펀드의 활용

자신의 노후생활은 자기 스스로 준비하여야 하는 사회가 되었다.

지금은 과거처럼 자녀에게 노후생활을 의지할 수 있는 시대가 아니다. 이러한 시대추이에 대비하기 위해서도 젊을 때부터 노후 대책을 마련해야 한다.

미국에서도 펀드운용자금의 50% 이상이 개인연금에서 가입한 적립식펀드에 투자한 자금이다. 적립식펀드는 매달 일정 금액을 저금에 가입하는 것처럼 꾸준히 저축하는 상품이다. 다양한 금융자산 중에서 두 마리의 토끼(안정성과 수익성)를 동시에 잡을 수 있는 적립식펀드로 노후 대책을 마련해야 하는 시대가 왔다.

평균수명 78세, 정년퇴직 55세 이후 23년 동안의 생활비가 필요하다. 월 150만 원으로 생활해도 약 4억 5천만 원의 금융자산을 보유하여야 한다.

5 펀드투자의 제도적 지원

자산운용업법의 제정

법 제정의 취지

2004년 4월부터 시행된 「간접투자자산운용업법」(이하 '자산운용업법' 이라 함)은 자산운용업에 대한 규제를 개선해 상호 경쟁과 혁신을 유도하고, 투자자 보호 장치를 강화함으로써 자산운용업의 발전을 도모하기 위하여 제정한 법이다. 자산운용업법을 제정한 취지는 크게 세 가지로 생각할 수 있다.

첫째, 다양한 간접투자상품에 대한 규제를 통일하고 둘째, 투자자 보호 장치를 강화하며 셋째, 간접투자상품의 종류와 판매망을 확대하여 시장을 활성화하자는 데 있다. 따라서 투자신탁의 수익증권,

증권투자회사의 뮤추얼펀드, 투자자문회사의 투자자문계약, 은행의 불특정금전신탁, 보험회사의 변액보험 등은 동일하게 이 법의 적용을 받게 되어 공정한 거래의 기반이 조성되었다고 할 수 있다.

이 법이 제정됨으로써 달라진 점은 다음과 같다. ① 운용자산의 다양성이다. 과거 유가증권에 한정되었던 투자대상자산이 파생상품, 부동산 나아가 실물자산에까지 확대되었다. ② 투자자가 펀드의 운용과정에서 수익자총회를 통하여 의사결정에 참여할 수 있어 투명성이 강화되었다. ③ 수탁회사는 운용회사의 적법운용 여부에 대하여 감독기관에 보고할 의무가 있다. ④ 과거에는 증권회사와 은행만이 펀드 판매업무를 담당하였지만 보험회사로까지 그 범위를 확대하였고, 자산운용회사도 곧 판매업무를 시작할 것이다.

이러한 제도적인 지원에 힘입어 드디어 우리나라의 펀드산업도 선진국의 제도와 발맞추어 펀드로 자산을 증식하는 시대에 본격적으로 들어서게 되었다.

자산운용업법의 주요 내용

펀드 투자대상의 다양화

법제정으로 일어난 가장 큰 변화는 펀드의 투자대상자산이 대폭 확대된 것이다. 과거에는 펀드에 편입할 수 있는 자산이 주식, 채권 등 유가증권에 한정되었으나, 이제는 그 범위가 대폭 확대되어 장외 파생상품, 부동산 등 실물자산에까지 투자가 가능하게 되었다. 특히

투자대상자산의 범위	
구분	대상자산의 종류
장내 유가증권	주식, 채권, 신종채권 등
실물자산	부동산, 선박, 항공기, 금, 에너지, 매출채권 등
장내 파생상품	유가증권, 통화, 금리, 실물자산 등과 관련된 파생상품
장외 파생상품	장외에서 유가증권, 통화, 금리, 실물자산 등과 관련된 파생상품

파생상품 투자의 경우 운용자산의 40% 이상을 헤지 이외의 투자목적으로 장내·외 파생상품으로 운용할 수 있도록 하였다.

새로운 판매망의 등장

펀드는 증권회사, 은행, 보험회사, 선물업자, 종합금융회사, 증권금융회사까지 전체 금융기관에서 판매할 수 있게 되어 판매망이 확대되었다. 또한 조만간 운용회사도 자기운용 펀드에 한해서 판매수수료 없이 판매할 수 있게 되었다. 이 경우 대형 연기금 등은 운용회사를 통한 판매에 응할 것으로 예상된다. 과거에는 증권회사가 중심이 되어 펀드를 판매하였으나 이제는 은행, 보험, 운용회사의 직접판매 비중도 크게 증대될 것으로 보인다.

따라서 판매행위에 따르는 부당행위를 방지하기 위하여 판매행위 준칙이 제정되었다. 금지되는 판매행위에는 수익률의 보장, 판매보수의 대가를 수수하는 행위, 합리적이지 못하거나 단정적인 분석자료 제공, 실적배당의 특수성을 인식시키지 않은 행위 등이 있다.

수탁회사의 감시기능

수탁회사는 자산운용회사의 불법적인 운용지시 등에 대한 감시의무를 부과하고 있다. 과거 수탁회사는 운용회사의 법규에 위반되는 지시사항에 대하여도 별다른 이의를 제기하지 않고 일방적으로 집행하는 일만 할 수 있었다. 그러나 개정법규에는 운용회사의 준법사항을 감시하는 일을 의무적으로 부여하였다.

투자자 보호 장치 강화

새로운 법의 특징은 투자자 보호 장치를 강화한 점이다. 자산운용회사의 불법적인 운용을 견제하기 위하여 수익자총회를 의무적으로 설치하여 내부감시장치를 강화하였고, 판매행위 준칙을 제정하여 판매회사의 의무를 강화해서 투자자를 보호하도록 하였다. 또한 수탁회사의 운용회사에 대한 견제기능을 강화하여 운용에 대하여 감시하게 하고, 기준가격의 적정성 여부도 평가하게 하였다.

이와 같은 제도적 장치는 과거 투자신탁업법이나 증권투자회사법에는 없던 새로운 장치로, 시대의 변화에 적절하게 대응한 투자자 보호 기능을 강조한 것이라고 할 수 있다.

6

미국의 적립식투자 패러다임

펀드산업의 발달 원인

　세계에서 펀드산업이 가장 발달한 나라인 미국은 기업수익이 급격히 증가하여 주가가 1991년부터 1995년까지 연 14.75%의 상승률을 기록하였으며, 특히 1995년에는 33.5%의 상승률을 보였다.
　이러한 주가상승은 뮤추얼펀드를 통해 지속적으로 자금이 유입되었고, 노년기에 접어드는 베이비붐 세대(1946~1964년에 출생한 세대)를 중심으로 연금자산이 들어왔으며, 401(k)플랜으로 대표되는 확정기여형 연금이 보급됨에 따라 대량자금이 증시로 유입되었기 때문이다.
　이들은 매달 월급의 3분의 1 이상을 두세 개 펀드에 10~20년 이상 장기간 투자하여 노후생활에 대비하고 있다.

또한 1987년 10월 블랙 먼데이 이후 개인투자자들의 투자패턴이 간접투자로 바뀌었고, 컴퓨터의 보급으로 고객의 특성에 맞는 다양한 상품개발과 자산관리기법의 개발이 펀드산업의 성장에 크게 기여하게 되었다.

401(k)플랜의 도입

1978년에 도입된 401(k)플랜은 기업주와 근로자가 공동으로 퇴직금을 적립하는 제도이다. 이 제도는 근로자 스스로 자신의 퇴직금을 투자할 수단을 선택하는 것으로, 투자대상 상품에는 주로 뮤추얼펀드, 보험상품, 자사주 등이 있다. 이들 근로자의 절반 정도가 뮤추얼펀드에 적립식으로 투자하여 자신의 노후생활에 대한 대비책을 마련하고 있다.

나아가 401(k)플랜은 1996년부터 전통적 기업연금인 확정급여형의 자산규모를 앞지르기 시작하면서 미국 근로자들의 기업연금의 주된 동력이 되었다.

또한 401(k)플랜보다 규모가 큰 개인연금도 55% 이상이 적립식으로 뮤추얼펀드에 투자된다. 그리고 미국 펀드시장의 자금 가운데 절반 이상이 기업연금이나 개인연금에서 적립식으로 들어온 자금이라고 할 수 있다.

전 세계의 뮤추얼펀드 총규모 14조 달러 중에서 미국이 7조 4천억 달러로 전체의 53%를 차지한다. 미국의 뮤추얼펀드의 내용을 살펴보면 주식형이 49.75%, MMF가 27.6%, 채권형이 16.7%, 기타 혼합형이 5.8% 수준을 유지하고 있다.

미국은 2003년 7월 말 현재 전체 가정의 절반에 가까운 47.9%가 뮤추얼펀드를 보유하고 있다. 또한 전체 뮤추얼펀드 보유가정 가운데 80% 이상이 회사에서 자금을 대주는 확정기여형 퇴직급여계획에 따라 적립식펀드를 통한 간접투자를 한다. 그리고 이들 적립식펀드의 80%가 주식형펀드이다.

적립식펀드의 성장배경

앞의 내용을 정리하면 미국에서 펀드투자가 활성화된 이유는 첫째, 401(k)플랜을 활성화하기 위해 세금감면 인센티브를 제공함으로써 기업연금제도에 많은 기업과 근로자가 참여할 수 있도록 유도하였다.

둘째, 미국의 증권시장이 활성화되어 주식이 다른 금융상품보다 높은 수익을 냈으므로 주식형펀드를 선호하게 되었다.

셋째, 장기투자의 대상으로 적립식펀드를 은행예금보다 우수한 투자수단으로 인식하게 되었다.

TIP

• 피터 린치의 투자전략

'월가의 살아 있는 전설'로 불리는 피터 린치는 피델리티사의 펀드매니저로서 132억 달러의 마젤란펀드 운용책임자였다. 그는 1977년에 2,200만 달러의 펀드를 인수하여 1990년 은퇴하기까지 13년 동안 펀드규모를 660배에 달하는 132억 달러로 부풀린 놀라운 수완의 소유자이다. 그는 100만 명에 달하는 투자고객에게 13년 동안 27배의 경이적인 투자수익을 안겨줌으로써 명실 공히 월가의 살아 있는 전설이 되었다.

이 기간에 피터 린치는 단 한번도 손실을 기록하지 않았다. 미국 증시의 대표지수인 S&P500지수의 상승률보다 낮았던 것은 단 두 번밖에 없었다. 반면 1980년에는 연 70%의 높은 수익률을 올렸다.

〈주식투자 성공 포인트〉
피터 린치는 장이 끝나면 무조건 회사를 나가 직접 발로 뛰며 해마다 550개 기업을 방문하였다. 또한 그는 중소형주 발굴에 집중하여 경이로운 수익률을 올렸고, 주식의 내재가치보다도 저평가된 종목을 발굴하여 장기간 보유하는 방식으로 운용하였다.

그는 주식투자에 성공하기 위해서는 시간과 노력을 많이 들여야 하며, 주식투자에는 전문가가 따로 없으므로 보통사람이라도 두뇌의 3%만 주식투자에 기울이면 월가의 전문가보다도 주식투자를 더 잘할 수 있다고 하였다. 집을 사면 돈을 벌지만 주식투자를 하면 돈을 잃는 이유는, 집을 살 때는 몇 달을 투자하지만 주식을 살 때는 단지 몇 분 안에 결정하기 때문이라는 말이다.

주식투자에는 선견지명이 필요한 것은 물론이고 매매타이밍을 결정하는 일을 매우 중시하였다. 투자에는 전문가가 따로 없어서 10개 종목 가운데 특출한 성공주 한두 개를 얻으면 되며, 손실은 최소화하고 수익은 최대화하는 원칙을 철저히 지키면 되는 것이다.

〈주식투자를 하기 전의 전제조건〉
첫째, 주식에 투자하기 전에 자기가 소유한 집이 있는가?(실패할 위험이 가장 적은 투자가 집에 대한 투자이다)
둘째, 반드시 여유자금으로 투자하라(투자손실이 생활에 크게 영향을 미쳐서는 안 된다. 투자손실로 잠을 이루지 못한다면 투자하지 마라).
셋째, 주식투자에 적합한 자질을 갖추고 있는가?(주식투자에는 인내심, 자신에 대한 신뢰, 아량, 편견 없는 마음, 끈기 등이 필요하다)

〈칵테일 이론〉
주식투자에서도 예측이 가능한가? 주가의 등락을 정확히 예측한 전문가는 아직 한 명도 없었다. 그러나 피터 린치는 그동안 칵테일 파티에서 들은 이야기에서 얻은 칵테일 이론으로 주식투자의 성공원리를 말한다.

첫째 단계는 주가가 상승하는 단계로, 사람들이 주식에 관한 이야기만 나오면 화제를 다른 곳으로 돌린다. 이때가 바닥이므로 매수해야 할 단계이다.
둘째 단계는 주식에 관한 화제를 던지면 주식이 얼마나 위험한지 잠시 이야기하다가 화제를 다른 곳으로 돌리는 단계로, 주가가 약 15% 상승한 단계이다.
셋째 단계는 어떤 주식을 사야 할지 주식에 관한 이야기가 화젯거리로 등장하는 단계로, 주가가 이미 30% 이상 올라간 단계이다.
넷째 단계는 누가 추천한 종목이 이미 상당한 수준으로 올랐고 특정종목을 매수했더라면 하고 아쉬워하는 단계로, 주가는 벌써 머리끝에 올라와 있는 단계이다.

2장

적립식펀드,
기본부터 알고
시작하자

1 왜 펀드투자인가

직접투자의 문제점

개인이 주식에 직접투자하면 90% 이상이 실패하고 주식시장을 떠나는 게 현실이다. 실패 이유는 주로 다음 세 가지로 요약할 수 있다. ① 분산투자를 하지 않고, ② 중소형주에 집중하여 투자하며, ③ 투자 타이밍을 역행하는 것이다.

개인투자자는 투자금액이 적기 때문에 주로 중소형주에 집중하여 투자하는 성향이 강하며, 주가의 대세하락 초기에는 매도하지 못하고 혹시나 상승을 기대하다가 하락 말기가 되어서야 참지 못하고 투매해버리는 것이 일반적인 현상이다. 그러나 주가는 이때부터 하락을 멈추고 거래량이 증가하면서 상승분위기에 접어든다.

펀드투자의 기본 원리

펀드(fund)는 유가증권 등에 투자하여 얻은 이익을 분배하기 위하여 전문운용회사가 불특정 투자자에게서 모은 자금의 집합체를 말한다. 따라서 펀드투자는 전문운용기관이 다수의 투자자에게서 모은 펀드를 유가증권 등에 투자하고 그 운용성과를 투자자에게 분배하는 간접투자 방식을 말한다. 그러나 펀드투자는 운용성과에 따라 수익금을 배분하는 실적상품이므로 원금 손실이 발생할 수도 있다는 점을 유의하여야 한다.

펀드투자의 특징으로는 대규모 자금으로 분산투자를 하는 점과 전문가에 의한 장기투자를 생각할 수 있다. 특히 적립식펀드는 매달 일정 금액을 투자하게 되므로, 펀드의 매입단가를 평준화하여 고가 매입에 따른 위험을 줄일 수 있는 장점이 있다. 그러나 아무리 펀드투자를 하여도 불경기로 증권시장 전체가 폭락하면 그 손실은 피할 수 없다는 점도 알아두어야 한다.

2 적립식펀드 투자의 매력

적립식펀드 투자의 장점은 간접투자 방식인 펀드투자의 장점에 적립식투자의 장점을 추가해서 생각할 수 있다.

펀드투자의 장점

분산투자하여 투자위험을 줄인다

펀드투자는 소액 투자자에게 자금을 모아 대규모 펀드를 구성하여 공동 운용하는 투자형태이므로, 다양한 대상 자산에 분산하여 투자하는 것이 원칙이다. 따라서 분산투자의 장점, 즉 개별종목 투자에 따르는 위험을 훨씬 줄일 수 있다. 또한 포트폴리오 구성으로 유가증권뿐만 아니라 파생상품, 부동산 나아가 실물자산까지도 운용

대상이 되므로 경제상황의 변화에 따라 다양한 자산에 분산하여 투자함으로써 그 위험을 줄이며 수익성을 도모할 수 있다. 또한 대규모로 운용하므로 운용에 관한 정보의 획득비용이나 거래비용도 절감할 수 있다.

전문기관에서 운용을 대신한다

펀드투자는 자산운용회사의 펀드매니저에게 투자를 일임하는 간접투자 방식이다. 펀드매니저(fund manager)는 이코노미스트(economist), 애널리스트(analyst) 등 전문가의 지원을 받아 과학적인 투자분석과 효율적인 운용기법으로 다양한 자산에 투자하므로 비교적 안정되고 높은 수익을 얻을 수 있다. 따라서 투자자는 자신의 업무에 전념하면서 결과만을 얻으면 된다.

펀드자산은 안전하다

운용회사가 운용하는 펀드자산은 운용회사의 자본금인 고유자산과 분리하여 수탁기관(은행)에 별도로 안전하게 보관되므로 그 가치는 오로지 자산의 운용성과에 따라서만 변할 뿐이다. 따라서 운용회사의 경영상태와는 직접적인 관계가 전혀 없다. 또한 수탁회사는 운용회사의 약관 위반 여부나 펀드 운용상태를 항상 감시하고, 잘못이 있을 때는 감독기관에 통보하는 견제기능을 한다.

적립식투자의 장점

소액으로 투자 가능

적립식펀드의 가장 큰 장점은 자금을 나눠 투자하기 때문에 소액으로 펀드투자가 가능하고, 장기간 투자하여 투자위험 없이 목돈을 마련하기에 적당하다는 것이다.

가격평준화 효과

적립식펀드는 투자시점을 분산할 수 있어 주가가 떨어지는 달에는 동일한 금액으로 좌수(座)를 더 많이 사고, 주가가 오르면 덜 사게 되는 이른바 가격평준화(cost averaging) 효과로 투자위험 헤지(위험 회피) 효과를 볼 수 있다.

주가 조정시점에도 투자 가능

적립식펀드는 현재 주가가 너무 높다고 판단해 펀드 가입을 꺼리는 투자자들에게도 적합한데, 이는 나중에 주가가 하락하면 낮은 가격대에 주식을 매입해 평균매입단가를 낮출 수 있기 때문이다.

정기적금과 적립식투자의 비교

구분	정기적금	적립식투자
원금보장	보장	보장하지 않음
안정성	원금과 이자 안전	투자원금 손실 우려
수익성	낮은 수익률	높은 수익 가능
중도해지	해지가능	환매수수료
투자기간	본인·선택	3년 이상 유리
운용내역	확정수익이므로 불필요	손실대비 운용내역 수시 확인 필요

3
적립식펀드 투자의 문제점

펀드투자의 단점

투자원금 손실 가능성

펀드투자는 운용회사가 운용하고 운용성과는 신탁보수 등의 비용을 공제한 뒤 투자자에게 분배된다. 일반적으로 분산투자를 함으로써 개별주식 투자에 따른 위험은 줄일 수 있으나, 증권시장 전체의 하락에 따른 손실위험은 피할 수 없다.

따라서 운용회사가 운용한 결과 손실이 발생하면 그 손실에 대한 책임은 운용회사가 아닌 투자자 자신이 져야 한다. 펀드투자는 은행의 예금이 아닌 실적배당형 상품이므로 원금손실 가능성이 항상 존재한다는 사실을 잊지 말아야 한다.

각종 비용(보수, 수수료)의 부담

펀드에 가입하는 투자자는 운용에 따른 비용을 부담하여야 한다. 이 비용은 운용회사, 판매회사 그리고 수탁회사에게 신탁보수와 수수료라는 형태로 지출된다. 운용회사는 펀드매니저를 고용하여 펀드를 운용하므로 일정한 비용이 발생하며, 이를 운용보수라는 형태로 받는다.

그리고 판매회사는 판매에 따른 보수뿐 아니라 펀드에 가입할 때는 선취수수료, 만기가 되어 해지할 때는 후취수수료를 별도로 받고, 중도환매할 때는 환매수수료를 받아 펀드에 편입시킨다. 이 가운데서 신탁보수는 매년 지출되고, 수수료는 1회성으로 지급되는 비용이다.

우리나라에서는 판매회사가 받는 판매보수가 운용보수보다 높은 것이 특징이다. 그리고 펀드의 보수수준도 매우 높아 주식형인 경우에는 전체 보수 2~2.5% 가운데 판매보수가 1.4~1.7%까지 차지해 펀드수익률을 상당 부분 잠식한다. 그러나 미국의 투자자들은 1.4%의 신탁보수 가운데서 판매보수로 0.41%를 지불하는 것으로 나타났다.

적립식펀드는 특히 투자기간이 길고 매년 보수를 받아서 만기시 수익률이 엄청나게 차이가 나므로 펀드가입 시점에 각종 보수와 수수료의 내용을 확실하게 알고 투자하여야 한다.

적립식투자의 단점

적립식펀드도 거치식펀드와 마찬가지로 주식시세가 상승해야만 이익을 볼 수 있다. 거치식펀드는 펀드 가입시점의 지수보다 환매시점의 지수가 올라 있으면 이익이 발생한다. 그러나 적립식펀드는 가입기간에 지수가 하락하여 평균매입단가가 떨어져서 환매시점지수보다 낮으면 이익이 발생한다.

반대로 주가상승기에 가입하여 평균매입단가가 높아져 있으면 환매시점의 지수가 더욱 올라야 이익이 발생하며 주가 조정기에는 엄청난 인내심이 필요하다. 또한 투자자금의 이용 시기가 정해져 있지 않다면 기다려서 확정적 수익을 보장받을 수도 있지만, 특정 시기에 필요한 자금이라면 적립식펀드에 투자하지 말아야 한다.

4 펀드운용은 누가 하나

간접투자자산인 펀드는 운용회사가 운용의 주체가 되며 수탁회사(자산보관회사), 판매회사, 일반 사무관리 회사는 펀드운용의 관련 조직이다. 일반적으로 펀드에 투자하는 방법에는 투자신탁의 수익증권을 구입하거나 증권투자회사의 뮤추얼펀드에 가입하는 두 가지가 있다. 그러나 수익증권과 뮤추얼펀드는 투자자의 법적 지위가 다르므로 펀드의 운용조직도 약간 차이가 있다.

자산운용회사(위탁회사)

펀드를 구입하려면 먼저 판매회사인 증권회사나 은행, 보험회사 등을 찾는다. 그러나 좀더 중요한 역할을 하는 회사는 자산운용회사이다. 자산운용회사는 펀드를 처음 설정하고 이를 직접 운용하며, 펀드의 운용내용을 판매회사를 통하여 투자자에게 공개하기도 한다. 자산운용회사가 하는 주요한 일은 ① 펀드의 설정과 해지, ② 펀드재산의 운용과 운용지시, ③ 자사가 운용하는 펀드 판매, ④ 일반사무관리 업무와 투자자문 업무를 겸업하는 등 펀드운용 업무의 핵심적인 역할을 담당한다.

운용에 관한 주요 의사결정기관으로는 수익자총회와 주주총회가 있다. 투자신탁에는 전체 수익자(투자자)로 구성되는 수익자총회가 있는데, 수익자는 자산운용업법이나 신탁약관에 규정된 주요 사항에 대하여 의결권을 행사한다. 이와 달리 뮤추얼펀드를 운용하는 증권투자회사에서 투자자는 주주 신분이므로 주주총회에 참석하여 자산운용업법, 상법, 정관에 정한 사항에 대하여 의결권을 행사한다.

펀드매니저

펀드매니저는 운용회사에 근무하면서 펀드운용을 직접 담당하는 사람이다. 펀드매니저는 이코노미스트나 애널리스트 등이 제공하는 각종 정보나 자료를 참고로 하여 변하는 시장상황에 따라 펀드를 운용하는 일을 한다. 일반적으로 펀드매니저는 주식이나 채권 또는 파생상품을 운용하는 전문가였으나, 최근에는 자산운용 범위가 확대되면서 부동산 등 실물자산 전문가들까지 펀드매니저로 본다. 펀드매니저는 운용자산의 포트폴리오를 관리하는 일이 주된 업무이기 때문에 포트폴리오 매니저(portfolio manager: PM)라고도 한다.

수탁회사(자산보관회사)

수탁회사는 운용회사가 운용하는 펀드자산을 운용회사의 운용지시에 따라 취득하여 안전하게 보관·관리하는 기관이다. 수탁회사는 운용회사의 운용지시가 관계 법규나 약관에 위반할 때에는 운용회사에 대하여 운용지시의 변경을 요구하여야 한다. 과거에는 운용회사의 운용지시를 따르기만 했으나 최근에는 운용회사의 운용사항에 감시업무가 강조된다. 그리고 이러한 기능은 은행이나 신탁업법에 따라 설립된 신탁회사가 담당한다. 단 뮤추얼펀드는 수탁회사의 기능을 자산보관회사가 담당한다.

판매회사

판매회사는 직접 투자자를 상대로 펀드를 판매하고 고객의 요청이 있으면 환매를 담당하는 회사이다. 따라서 고객은 펀드에 대해 의문이 있으면 운용회사를 직접 상대하는 것이 아니라 판매회사를 통하여 운용과 관련된 사항을 상담하게 된다. 이러한 판매회사에는 증권회사, 은행, 보험회사, 선물회사(선물펀드의 경우), 종합금융회사가 있다. 그리고 앞으로는 운용회사도 직접 운용하는 펀드에 한하여 판매를 담당할 수 있게 되었다.

판매회사의 구체적인 업무에는 ① 수익증권의 모집·판매, ② 수익분배금·상환금·일부해약금 지급, ③ 수익증권 보호예탁, ④ 투자신탁설명서와 운용보고서 교부, ⑤ 거래보고서, 잔고증명서, 거래명세서 등 교부에 따른 업무가 있다.

일반 사무관리 회사

일반 사무관리 회사는 뮤추얼펀드의 경우 명목상의 회사인 증권투자회사의 위탁을 받아 운용업무 이외의 업무인 행정지원 업무를 담당하는 회사이다. 주된 업무로는 증권투자회사의 주식발행과 명의개서, 투자회사 재산의 계산, 법령 또는 정관에 따른 회의소집과 통지 등이 있다. 그러나 투자신탁의 경우에는 일반 사무관리 회사가 따로 필요 없다.

펀드평가회사

펀드평가회사는 펀드의 운용기구가 아니라 펀드의 운용실적을 평가하는 회사로, 투자자들이 운용회사나 펀드매니저를 선정하는 데 도움을 준다. 펀드평가회사의 펀드 운용성과에 대한 평가는 운용수익률뿐만 아니라 운용에 수반되는 위험과 포트폴리오 구성능력 등을 종합하여 하며, 그 결과를 투자자나 판매회사 나아가 운용회사에 정기적으로 알리고 자사의 홈페이지에 공개한다.

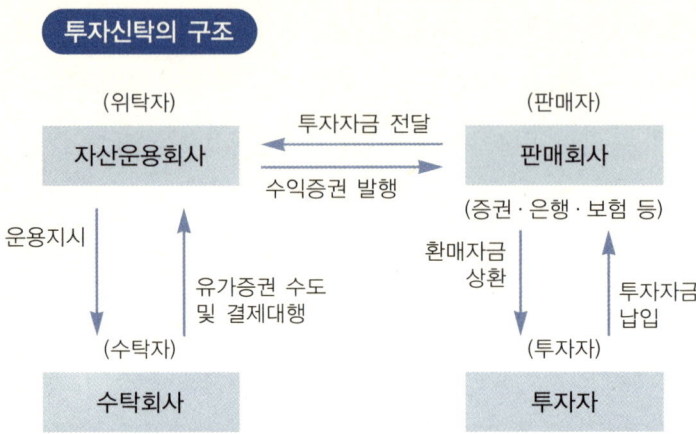

 따라서 판매회사나 운용회사가 판매펀드에 대한 수익률 등을 과장 광고하여 투자자를 속일 수 없게 되었다. 그러나 이들 펀드평가회사도 회사에 따라 평가 기준에 다소 차이가 있어서 평가 결과가 다르게 나오기도 한다.

5 투자신탁설명서는 무엇인가

투자신탁설명서

펀드 판매회사는 수익증권을 판매할 때 반드시 운용회사가 작성한 투자신탁설명서를 투자자에게 교부하여야 한다. 투자신탁설명서는 투자신탁약관의 내용 중 투자자에게 필요한 사항을 요약하고 운용과 관련하여 투자자에게 알려야 할 제반사항을 기재한 문서이다.

펀드 판매회사가 투자자에게 투자신탁설명서를 제공하거나 내용을 변경하면 금융감독위원회에 관련 사항을 사전에 제출하도록 하여 투자자보호에 만전을 기하고 있다. 투자자도 펀드에 가입하기 전에 판매회사로부터 펀드 관련 사항에 대해 설명을 들은 다음 투자신탁설명서에 서명하여야 한다. 이때 판매회사는 투자자에게 성실하게 설명하고 이를 확인하는 절차를 밟아야 한다.

투자신탁설명서의 내용에는 운용기구의 운용개념과 운용방법, 투자위험에 관한 사항, 펀드매니저에 관한 사항, 과거 운용실적 등이 있으며, 1년에 한 번 이상 그 내용을 갱신하여 투자자에게 교부하여야 한다. 그리고 어떠한 경우에도 투자원금이 보장되지 않는다는 사실 등 투자위험에 관한 사항은 굵은 글씨로 기재하여 누구든지 위험을 이해할 수 있게 하여야 한다.

투자신탁약관

투자신탁약관은 자산운용회사가 수탁회사와 체결한 문서로, 펀드운용 조직에 관한 사항과 운용의 기본방침, 이익분배와 계리 등에 관하여 중요한 사항 등 펀드운용에 관한 기본사항을 합의한 것이다. 자산운용회사는 이 약관을 제정하여 금융감독위원회에 사전 제출하여야 하며 변경할 때도 사전에 보고하여야 한다. 이를 금융감독위원회에 보고하기 전에는 펀드를 판매하거나 펀드에 대해 광고할 수 없다.

6 펀드는 어떻게 운용하나

 펀드의 운용을 전담하는 운용회사는 여러 단계의 의사결정과정을 거쳐 펀드를 운용한다. 일반적으로 투자정책의 수립, 시장상황 예측과 증권분석, 포트폴리오 구성, 포트폴리오의 수정과 평가라는 여러 단계를 거쳐 펀드 운용업무를 수행하게 된다.

운용정책의 수립

 운용정책(management policy)은 운용회사가 새로 설립한 펀드를 운용할 때 지켜야 할 운용활동의 기준으로, 펀드의 운용목표와 운용상 제약요소 등을 감안하여 수립하여야 한다.

운용목표

펀드운용을 합리적으로 하려면 운용정책에 맞는 운용목표를 정하여야 한다. 펀드의 운용목표는 펀드를 설립할 때 투자신탁설명서와 신탁약관상 투자자에게 약속한 운용방침에 따라 위험수용 정도와 기대수익을 감안하여 결정한다.

운용상 제약요소

운용회사는 자사의 운용활동에서 고려해야 할 여러 가지 제약요건을 가지고 있다. 운용정책 수립에 큰 영향을 미치는 제약요소에는 운용자산의 유동성 정도, 투자기간, 관련법규와 규정, 세금문제 등이 있다.

운용정책의 수립

운용회사는 운용업무를 할 때 운용목표와 제반 제약요소에 따라 합리적인 운용정책을 수립한다. 그 주요한 내용은 운용 대상자산의 배분비율의 결정, 대상종목의 선정 그리고 효과적인 위험관리 방법과 세금문제 등이 될 것이다.

시장상황 예측과 증권분석

운용회사는 운용성과에 영향을 미치는 제반 경제변수와 증권시장 동향을 예측하고, 현재의 시장상황이 경기주기상 어떠한 위치에 있는지 파악해 이에 적절한 유가증권을 수익률과 위험의 관계에서 선정하여 운용자산별 투자비중을 결정하여야 한다. 또한 해당 산업과 개별종목을 분석하여 상대적으로 저평가된 종목을 선택하여 투자대상으로 삼는다.

이러한 과정을 거쳐 얻은 경제의 전반적인 움직임과 증권시장에 관한 예측자료, 나아가 개별증권에 대한 분석자료는 포트폴리오 운용에서 기본적인 자료로 활용된다.

포트폴리오의 구성

투자정책이 수립되고 시장상황에 대한 예측이 이루어지면 분석결과를 기초로 하여 운용목표를 효율적으로 달성할 수 있도록 포트폴리오를 구성하여야 하며, 이 경우 다음과 같은 사항을 결정하여야 한다.

자산배분 활동

자산배분(asset allocation)은 운용정책 방향에 따라 선정된 여러 유형의 대상 자산을 구분하여 선택하고 각 자산 유형별로 투자자금을 구체적으로 배분하는 활동이다. 이러한 자산배분 과정은 펀드의 운용성과 결정에 가장 큰 영향을 미친다. 통계상으로 보면 펀드의 운용수익률의 90% 이상이 자산배분 활동에 따라 결정된다는 것을 알 수 있다.

자산배분 활동은 펀드가 만기가 될 때까지 현재 상황이 지속된다는 전제하에서 장기적인 관점에서 자산배분의 기준이 되는 전략적인 자산배분과, 시장상황의 변화에 따라 투자비율을 조정하는 단기적 시장예측전략인 전술적 자산배분으로 구분하여 자산배분 활동을 하게 된다.

펀드매니저 선정과 포트폴리오 구성

자산배분을 하고 난 뒤 운용회사는 운용을 담당할 전담 펀드매니저를 지정하여야 한다.

이때 지정된 펀드매니저는 자산별로 운용종목을 선택하여 포트폴리오를 구성하게 된다.

이 과정에서 첫째, 펀드 약관의 기본취지에 따라 포트폴리오를 관리하여야 하며 둘째, 구성하는 개별종목을 구체적으로 선택하여 편입해야 한다.

포트폴리오의 조정과 성과분석

펀드관리의 마지막 단계는 포트폴리오의 조정(portfolio revision)과 성과평가(performance evaluation)이다. 펀드매니저는 변하는 투자환경을 지속적으로 관찰하여 시장상황에 맞추어 포트폴리오를 조정하여야 한다.

마지막으로 투자성과의 측정과 평가는 위험과 기대수익이라는 전

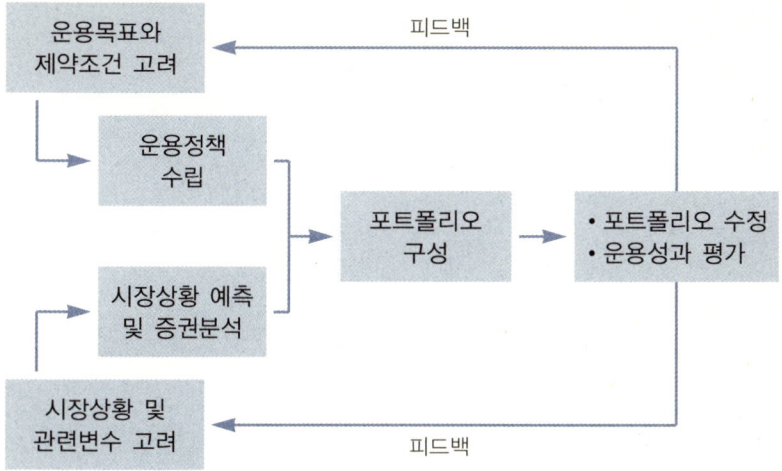

제하에 처음 설정한 운용목표의 달성이라는 거시적인 관점에서 평가해야 한다.

7 펀드운용에 지불하는 비용

신탁보수

펀드의 관리와 운용은 위탁자인 운용회사·판매회사·수탁회사 3자가 담당하며, 이들은 펀드에 대한 선의의 관리자로서 운영의 효율성과 건전성을 도모하기 위하여 그 임무를 수행한다. 이들은 이러한 임무수행에 대한 대가로 운용자산에서 일정 비율의 신탁보수를 받는다.

펀드의 신탁보수는 자산운용회사가 취득하는 운용보수와 수익증권의 판매를 담당하는 판매회사가 취득하는 판매보수, 펀드자산의 보관과 관리를 담당하는 수탁은행이 취득하는 수탁보수로 나뉜다. 이들 보수가 높으면 그만큼 투자자의 수익률이 줄어들기 때문에 동일한 조건의 펀드라면 가능한 한 보수가 낮은 펀드가 유리하다.

　신탁보수율의 수준과 각 보수간 비율은 자율적으로 정하게 되는데, 일반적으로 판매수수료의 비율이 가장 높고 수탁보수의 비율이 가장 낮다.

　따라서 일반투자자가 부담하는 신탁보수율은 각 보수의 합계액을 부담하는데, 주식형펀드는 2.0~3.0%, 혼합형펀드는 1.5~2.0%, 채권형펀드는 0.5~1.0% 수준이므로 펀드의 수익률에 상당한 영향을 미치게 된다.

　그리고 이 펀드의 보수는 별도 시점에 일시에 공제하는 것이 아니라 매일매일 기준가격을 산정할 때 펀드에서 하루치 보수를 공제하고 그날의 기준가격을 결정한다.

　펀드의 보유자산 가치가 전혀 변동이 없다고 하더라도 하루가 경과하면 기준가격은 신탁보수만큼 줄어들게 된다. 따라서 투자자는 환매시점의 기준가격에서 가입시점의 기준가격을 비교하면 자신의 투자수익률을 알 수 있다.

환매수수료

　펀드투자자가 지불하는 비용에는 신탁보수 외에 환매수수료가 있다. 환매수수료는 펀드 가입 시점에 약속한 기간(환매제한기간) 이내에 환매하는 경우 부담해야 하는 비용이다. 펀드를 환매제한기간 이전에 환매하게 되면 펀드운용에 차질을 가져와 다른 투자자에게 손해를 끼치게 된다. 그러므로 환매수수료는 운용관련 기관에서 받는 비용이 아니라 펀드 자체에 남게 되어 다른 투자자에게 유리하게 된다.

일반적으로 환매제한기간은 펀드의 유형에 따라 차이가 있기 때문에 가입시점에서 확인하여야 한다. 그리고 그 비용은 펀드 수익금액의 70%가 되며 펀드재산에 그대로 남게 된다.

선취판매수수료

펀드거래를 하면 앞에서 설명한 대로 신탁보수와 환매수수료를 공제하게 된다. 그러나 일반적인 펀드와는 달리 펀드 가입시점에 일정 비율의 판매수수료를 공제하는 선취판매수수료형 펀드가 있다. 이 펀드는 가입과 동시에 선취판매수수료를 공제하는 반면, 환매수수료를 부담하지 않고 자유롭게 환매할 수 있다. 또한 펀드보수가 상대적으로 낮으므로 적립식펀드처럼 장기투자하는 펀드는 오히려 유리하다.

예를 들어 다음과 같이 일반펀드와 선취판매수수료펀드의 비용을 비교해보자.

일반펀드(A)는 매년 신탁보수 2.5%와 환매제한기간 이내에는 수익금의 70%의 환매수수료를 부담하며, 선취판매수수료펀드(B)는 펀드 가입시 1%의 수수료와 매년 신탁보수 1.5%를 부담하게 된다. 이를 5년 동안 적립식펀드에 적용해보면 다음 표와 같이 선취판매수수

일반펀드(A)와 선취매판매수수료펀드(B)의 비용 비교

펀드	선취수수료	1년차	2년차	3년차	4년차	5년차	합계
A	없음	2.5%	2.5%	2.5%	2.5%	2.5%	12.5%
B	1%	1.5%	1.5%	1.5%	1.5%	1.5%	8.5%

료펀드의 경우가 4% 유리함을 알 수 있다.

펀드비용 가운데서 신탁보수는 매년 부담하지만 수수료는 1회 부담하는 비용이다.

8 적립식펀드의 함정

　사상 초유의 저금리시대에 그 대안으로 등장한 금융상품이 펀드투자이고, 그중에서도 적립식펀드가 절반 이상을 차지한다. 적립식펀드는 매우 매력적인 상품이지만, 적립식펀드에 대한 인상은 다소 과장된 측면이 있다. 왜냐하면 적립식펀드는 새롭게 개발한 상품이 아니라 과거에서부터 있어온 펀드로, 투자하는 금액과 시점을 정기적금처럼 분산하여 투자하는 펀드투자이다.
　일부에서는 적립식펀드를 마치 안정적으로 높은 이자를 주는 금융상품으로 오해하는 경우도 있다. 적립식펀드도 투자이기 때문에 주가가 하락하면 손실을 입는다는 사실을 분명히 알아야 한다. 여기에서는 적립식펀드가 갖고 있는 단점에 대하여 구체적으로 알아본다.

항상 이익이 날까

판매회사의 상담원들은 적립식펀드의 장점을 강조하다 보면 매입단가 하락으로 결코 손해를 보지 않고 고수익을 얻을 수 있는 것처럼 착각에 빠지게 할 수 있다. 그렇지만 펀드 가입시점의 주가가 대세상승기라면 매입단가는 오히려 높아지며 환매시점의 주가가 침체기에 있다면 오히려 큰 손실을 입을 수도 있음을 유의하여야 한다. 그리고 운용은 운용회사가 하지만 손실에 대한 책임은 투자자 자신이 감당하여야 하는 투자 상품이다.

장기투자가 유리할까

적립식펀드에 투자할 때는 장기투자가 유리하다고 한다. 그러나 장기적으로 보아 국내경기가 좋아져 기업이나 개인의 신용도가 올라가면서 은행이 대출할 곳이 많아지고, 경기상승으로 기업이 새로운 실물투자를 위해 자금이 필요해진다면 시중에 자금궁핍 현상이 나타나서 금리는 다시 상승하게 되고 주가는 하락할 것이다.

이러한 상황이 발생하면 고주가 시점에 적립식으로 장기간 고가에 매입한 펀드의 기준가격은 주가하락과 함께 떨어지게 되고 투자자는 큰 손실을 입게 된다. 이러한 경제상황에서 투자자는 투자상품보다 확정금리를 주는 저축상품을 선호하게 된다.

금리상승기에도 유리할까

앞서 말한 것처럼 국내 경기가 좋아지고 금리가 상승하여 안정적 수익이 보장된다면, 투자자들은 위험이 수반되는 펀드투자보다는 상대적으로 안전하고 위험이 없는 채권이나 예금 등 확정금리상품을 선호하게 된다.

증권시장에 거품이 꺼진다면

적립식펀드에 투입되는 매달 2~3천억 원의 자금은 주식시장의 수급 안정에 크게 기여한다. 적립식펀드는 시간이 갈수록 연기금처럼 펀드의 규모가 눈덩이처럼 불어나게 되고, 이러한 자금은 주식시장의 든든한 버팀목이 된다. 따라서 기업의 내재가치의 개선에 따른 주가상승이 아니라 자금유입에 따른 금융장세의 성격을 띠게 되어 주식시장에 거품을 형성하게 된다.

만일 주식시장의 성격상 극심한 버블현상이 나타나면 7~8년 이상 손해를 감수하고 기다려야 하는 시기가 올 수도 있음을 유념하여야 한다. 특히 투자한 자금이 순수한 여유자금이면 기다릴 수도 있지만, 특정시기에 필요한 자금이라면 이러한 위험은 피하는 것이 현명하다.

• 금세기 최고의 투자가 워렌 버핏

지난 30년 동안 투자종목 선정에 관하여 달인이라는 평가를 받아온 워렌 버핏은 1998년부터 불어온 IT광풍에 고난을 겪고 있었다. 운용사인 버크셔 헤더웨이의 주가가 23%나 떨어졌으며, 가장 아끼는 종목인 코카콜라와 질레트를 영구보존종목으로 책정한 뒤에 두 종목의 주가가 곤두박질한 것이다. 1999년 5월 금세기 최고의 투자인인 워렌 버핏이 자신의 투자운용회사 버크셔 헤더웨이의 주주총회장에 서 있었다. 한 주주가 '왜 마이크로소프트(MS) 같은 IT관련 주식에 투자하지 않았느냐'고 따졌다. 그는 주저 없이 말했다. '만일 IT주식에만 투자해야 한다면 MS에 투자했을 것이다. 그러나 그럴 필요는 없다. 나는 MS에서 코카콜라나 맥도날드처럼 미래를 발견할 수 없다'고 주저 없이 말했다.

투자의 달인 워렌 버핏은 1956년 단돈 100달러로 투자를 시작하여 약 460억 달러(약 53조)를 모은 자산가이다. 그는 무조건 실적이 우수한 기업을 선정하는 것이 아니라 실적이 서서히 증가하는 우량주를 찾아내어 장기간 보유하여 실적개선의 수혜를 누렸다. 따라서 시중에서는 워렌 버핏이 주식을 팔면 그 기업은 실적이 정점에 이르렀다는 말이 떠돌게 되었다. 그가 가장 선호한 종목은 코카콜라, 맥도날드, 질레트 등으로, 이들 종목은 어지간한 경기변동에도 일정 수준의 실적이 뒷받침되므로 가치투자(value investment)라는 신용어가 나왔다. 워렌 버핏은 시장에서 버림을 받아도 이익을 낼 가능성이 있는 종목에 집중 투자하는 가치투자 기법을 사용해왔다. 이러한 기법으로 워렌 버핏은 지난 30년 동안 연평균 24%에 달하는 수익률을 거두었다.

1999년에 IT종목 가격 상승에 따른 어려움을 이겨낸 워렌 버핏은 2000년에도 기술주 대신 우량제조업을 고집하여 1999년보다 두 배 더 수익을 냈다. 자신의 운용회사인 버크셔 헤더웨이의 순이익이 114% 증가하고 주가도 74%나 올랐다. 1999년 IT 붐이 한창인 시점에 그는 인터넷이 사회적으로 대단한 현상임은 틀림없으나 기업 이익에는 별 도움이 되지 않을 것으로 예상하였다. 2000년 1년 동안 IT주가의 거품이 꺼짐과 동시에 전통 제조업주의 주가가 상승하였다.

워렌 버핏의 투자 원칙은 철저하게 기업가치에 우선순위를 두고, 모르는 주식에는 절대 투자하지 않으며 무엇보다도 최고경영자의 자질과 인격을 보고 투자한다는 것이다. 이는 피터 린치의 투자원칙과 대동소이한 기법으로, 단기적인 시세에 부화뇌동하지 않고 소신껏 정석 투자한 결과라고 할 수 있다.

3장

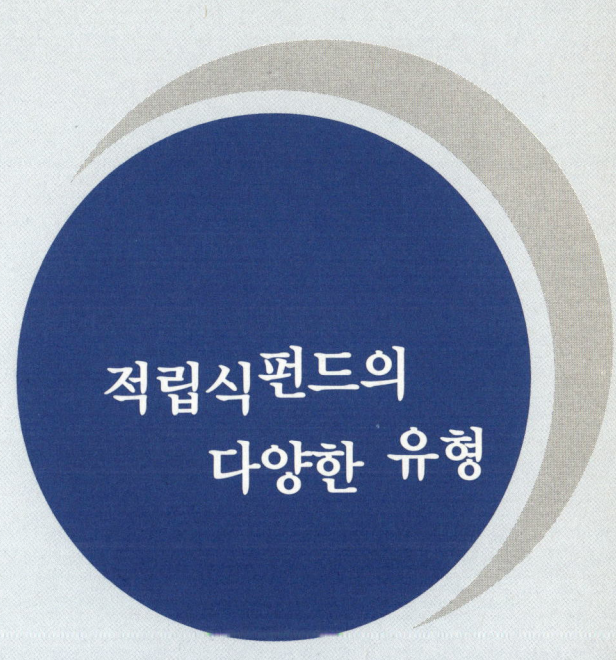

적립식펀드의 다양한 유형

1 운용 대상자산에 따른 분류

자산운용업법이 제정되어 투자 대상이 다양해지면서 적립식펀드는 대상자산에 따라 5가지 유형으로 분류한다.

유가증권펀드
과거 전통적인 펀드 분류방식으로 펀드재산의 40% 이상을 주식이나 채권 같은 유가증권에 투자하는 펀드를 말한다.

파생상품펀드
위험회피 목적이 아니라 투자수익 획득을 목적으로 펀드재산의 10% 이상을 장내와 장외 파생상품에 투자하는 펀드를 말한다.

부동산펀드

펀드재산을 부동산 실물, 프로젝트 파이낸싱(project financing), 개발사업 등에 투자하는 펀드를 말한다.

실물자산펀드

펀드재산을 에너지, 농·축·수산물, 광산물, 귀금속 등 실물자산에 투자하는 펀드를 말한다.

단기금융펀드

펀드재산을 주로 현금성자산인 단기금융상품, 즉 양도성예금증서(CD), 기업어음(CP), 증권금융 발행어음, 단기국채나 통화안정증권 등에 투자하는 펀드를 말하며, MMF가 대표적인 상품이다.

2 유가증권의 종류와 투자비율에 따른 분류

가장 일반적인 펀드의 분류방법으로, 운용대상 유가증권의 종류와 편입비율에 따라 주식형, 채권형, 혼합형 펀드로 구분한다.

주식형펀드

주식형펀드는 신탁약관상 주식과 주식관련 파생상품에 펀드재산의 60% 이상을 투자하는 상품이다. 주식형펀드의 특성은 첫째, 투자대상이 다양해서 투자자의 기호에 적합한 상품을 선택할 수 있다. 둘째, 선물·옵션 등 파생상품을 이용하면 주가가 하락해도 헤지가 가능하므로 큰 손실을 막을 수 있다. 셋째, 환매제한기간이 지나면 항상 환매가 자유롭기 때문에 유동성이 높다. 현재 국내 적립식펀드의 90% 이상이 주식형펀드 또는 주식혼합형펀드에 가입되어 있다.

채권형펀드

채권형펀드는 신탁약관상 채권과 채권 관련 파생상품에 펀드재산의 60% 이상을 투자하여 운용하는 펀드로, 주식과 주식 관련 파생상품에 전혀 투자하지 않는 펀드를 말한다. 채권형펀드는 투자기간에 따라 단기형, 중기형, 장기형으로 구분한다.

각 펀드는 환매제한기간이 정해져 있으므로 투자기간은 투자자의 자금운용 상황에 맞추어 선택하여야 한다. 그러나 보통 장기형이 단기형보다 안정적으로 운용할 수 있어서 수익률이 좀더 양호하다고 할 수 있다.

채권형펀드도 운용실적에 따라 수익금을 분배하는 투자상품이므로 원리금이 반드시 보장되는 상품이 아니라는 점을 명심하여야 한다. 과거에는 채권형펀드를 원리금이 보장되는 저축상품으로 표현하였으나, 외환위기 이후 시가평가제가 시행되면서 시중금리 사정에 따라 그 가치가 변하는 투자상품으로 표현하게 되었다.

따라서 판매회사에서 제시하는 목표수익률이나 기대수익률은 과거의 실적과 금리전망에 따르면 그 정도의 수익률을 예측할 수 있다는 의미일 뿐 이를 전적으로 신뢰할 수는 없다. 특히 채권형펀드의 경우 금리 변동이 별로 크지 않기 때문에 적립식으로 가입하더라도 가격평준화 효과가 적어 별로 큰 혜택을 얻을 수 없다.

혼합형펀드

혼합형펀드는 펀드의 약관상 주식이나 채권 중에서 어느 한쪽이라도 60% 이상을 편입할 수 없는 펀드로, 주식과 채권이 적절하게 혼합되어 있는 펀드이다. 혼합형펀드는 주식과 채권이 균형 있게 혼합되어 있으므로 밸런스형펀드(balanced fund)라고도 한다. 이 펀드는 큰 위험이 따르지 않고 어느 정도 주가상승에 편승하여 수익을 얻을 수 있어서 일반투자자들이 가장 선호하는 상품이다.

주식혼합형

펀드재산을 주로 주식 등에 투자하는 상품으로, 약관상 주식 편입비율이 40~60%인 펀드를 말한다.

채권혼합형

펀드재산을 주로 채권 등에 투자하는 상품으로, 약관상 주식 편입비율이 40% 미만인 펀드를 말한다.

3 운용회사의 국적에 따른 분류

역내펀드와 역외펀드

국내펀드는 국내 운용회사가 국내법령에 따라 설정한 펀드이다. 해외펀드는 주로 내국인을 대상으로 투자자금을 모집하여 해외 유가증권에 분산투자를 하고 그 수익금을 투자자인 내국인에게 분배하는 펀드이다.

또한 펀드의 자금조달을 국내에서 하는 펀드를 역내펀드(on-shore fund)라 하고, 투자대상국이 아닌 제3국에서 자금을 조달하여 만든 펀드를 역외펀드(off-shore fund)라 한다. 예를 들면 우리나라 시장에 투자하는 자금을 일본, 유럽, 미국 등 다른 나라에서 자금을 모집하여 설립한 펀드가 역외펀드이다.

역외펀드는 투자자가 속한 특정국가의 조세제도나 운용상의 제약을 피할 수 있고, 조세·금융·행정 등 여러 면에서 유리한 점을 이용하려는 목적에서 활용한다. 따라서 조세피난지역(tax haven area)으로 나가서 펀드를 설립하고 그것을 자국에 역수입하여 국내에 판매하는 경우가 많다.

우리나라에서 투자하는 역외펀드는 자산운용상 법적 규제가 없는 버뮤다(Bermuda), 영국의 버진 아일랜드(Virgin Island) 등의 조세피난지에 본거지를 두고 있다. 대표적인 역외펀드로는 국내투자를 전문으로 하는 코리아펀드, 코리아 유럽펀드 등 100여 개의 역외펀드가 있으며, 세계적으로는 약 1,500여 개 펀드가 있을 것으로 추정한다.

해외펀드와 외국펀드

해외펀드는 주로 내국인을 대상으로 투자자금을 모집하고 해외의 유가증권 등에 분산하여 운용하며 그 결과인 수익금을 내국인에게 분배하는 펀드이다. 외국펀드는 외국 운용회사가 외국법령에 따라 외국에서 설정한 뒤 국내에서 판매하는 펀드이다.

외국펀드의 특징으로는 첫째, 펀드 판매수수료를 먼저 수취하며 환매할 때는 환매수수료를 받지 않는다. 둘째, 외화자산에 다양하고 손쉽게 분산하여 투자할 수 있다. 셋째, 국제적인 분산투자로 전체적인 위험을 관리할 수 있다. 그러나 펀드가격이 외화로 표시되어 있으므로 환율변동에 따른 환차손 위험에 직면할 수 있다.

2005년에는 세계적인 저금리현상 때문에 투자자금이 증권시장으로 유입되어 세계 증시를 상승국면으로 이끌었다. 그렇다면 2006년 글로벌 투자자금은 어느 쪽으로 향할 것인가?

미국의 골드만삭스는 4년 전 브라질·러시아·인도·중국 4개국이 높은 경제성장을 이룰 것으로 전망하며 'BRICs'라는 신조어를 만들었다. 그 뒤 실제 이들 4개국은 놀라운 경제성장을 보이면서 2005년까지 세계 경제에 막강한 영향력을 행사하고 있다. 그러면 2006년에도 그 영향력은 지속될까? 골드만삭스는 올해 새롭게 떠오를 시장으로 넥스트 11을 들었다. 넥스트 11은 BRICs를 잇는 차세대 성장국가 11개국으로, 방글라데시, 이집트, 인도네시아, 이란, 한국, 멕시코, 나이지리아, 파키스탄, 필리핀, 터키, 베트남이다. 이 중에서 특히 한국의 성장잠재력이 월등할 것으로 예상하여 한국에 주목할 것을 요구했다.

4 주식형펀드의 종류

종목의 특성에 따른 분류

가치주펀드

가치주(value stock)는 기업의 주가가 내재가치에 비해 저평가되어 있는 주식을 말한다. 가치주에 대한 투자는 특정시점 주식이 시장의 주된 테마에서 소외되어 가격이 하락하더라도 일정 기간이 경과하면 반드시 원래의 가치를 반영하게 되는 원리에 입각한 것이다.

세계적인 펀드매니저들은 대부분 투자원칙에 따라 저평가된 가치주를 발굴하여 집중투자하고 오르는 시점까지 기다린 사람들이다. 최근 배당성향이 높은 주식에 집중하여 투자하는 배당주펀드도 이러한 가치주펀드의 일종이라고 할 수 있다.

성장주펀드

성장주(growth stock)는 현재 기업의 재무상태는 양호하지 않으나 미래에 성장률이 높아져 우수한 실적이 기대되는 주식을 말한다. PER나 PBR가 가치주보다 높기 때문에 주가가 너무 높은 것으로 보이지만 신기술과 성장기회가 많은 유망주를 말하며, 이러한 성장주식에 주로 투자하는 펀드를 성장주펀드라고 한다.

그러면 가치주와 성장주 가운데서 어느 유형의 펀드에 가입하는 것이 유리할까? 가치주는 당장 주가가 오르지 않기 때문에 인내심을 가지고 기다려야 하며, 성장주는 잘못하면 주식이 휴지 조각으로 변할 수 있다는 단점이 있다.

1998~1999년에는 IT열풍으로 성장주의 수익률이 훨씬 높았고, 그 뒤에는 가치주의 수익률이 상대적으로 유리했다. 따라서 가치주와 성장주에 대한 투자는 별개의 투자전략으로 하는 것보다는 상호 병행하여 분산투자하는 것이 유리하다.

대상 테마의 한정 여부

주식형펀드 중에서 포트폴리오 구성대상 종목을 특정 테마에 한정하는지 시장 전체 종목으로 하는지를 기준으로 구분하는 것이다.

인덱스펀드

인덱스펀드(Index Fund)는 시장의 장기적 성장추세에 비례하는 수익을 얻기 위하여 펀드의 수익률이 시장의 평균수익률과 연동되도록 포트폴리오를 구성한 펀드이다. 이 펀드는 과거 기관투자자들이 주식형펀드를 운용할 때 운용성과가 종합주가지수의 수익률, 즉 시장수익률에 미치지 못하는 경우가 비일비재하였기 때문에 시장수익률에 상당하는 수익률 획득을 목표로 하는 펀드이다.

따라서 이 펀드는 종합주가지수 산정방법과 동일하게 시가총액비율 상위종목 중심으로 포트폴리오를 구성하면 시장수익률과 유사한 운용성과를 얻을 수 있다. 인덱스펀드의 도입으로 일반투자자들은 소액자금으로 시장수익률과 동일한 수익률을 얻을 수 있는 펀드에 투자할 수 있게 되었다.

이 펀드의 특징은 최소의 인원과 비용으로 투자위험을 효율적으로 줄이면서 지수의 움직임과 유사한 포트폴리오를 구성할 수 있다는 것이다. 또한 이 펀드를 보유한 경우 주가지수 선물을 이용하면 안전하게 차익매매를 하여 안정된 수익률을 얻을 수도 있으며, 지수 하락이 계속될 경우 선물을 매도하여 주가하락에 대한 헤지도 가능하게 된다. 또한 포트폴리오를 시장에 따라 조정할 필요가 없으므로 신탁보수가 비교적 저렴하다.

테마펀드

테마펀드(Thema Fund)는 앞으로 증권시장을 주도할 것으로 예상되는 특정 테마의 종목에 집중적으로 투자하여 시장수익률보다 높은 추가수익률을 얻고자 하는 펀드이다. 이 펀드는 특정 업종이나 주요 테마의 종목에 집중하여 투자하므로 큰 위험이 수반되며, 펀드 관리에 상당한 노력과 비용이 필요하다. 예를 들면 첨단업종이 크게 상승할 것이 예상되는 경우 IT업종 전용펀드나 코스닥 전용펀드, 전기·전자업종 전용펀드 등에 투자하는 것이다.

엄브렐러펀드

엄브렐러펀드(umbrella fund)는 환매수수료를 따로 부담하지 않고 시장상황에 따라 여러 테마의 펀드로 자유롭게 전환할 수 있는 펀드이다. 이 펀드는 한 약관 아래 하위펀드가 여러 개 있는 모양이 마치 우산 같다고 하여 이런 이름이 붙었다. 엄브렐러펀드의 전환 횟수는 연간 12회 이내로 전환수수료 없이 전환할 수 있으며, 1년 이상 가입 시에는 세금우대종합저축 한도 안에서 세금우대가 가능하다.

그러나 좀더 우수한 수익률을 올리기 위해서는 금리와 주가 등 경제상황의 변화추세를 잘 보고 전환시점을 포착해야 하는 등 노력을 해야 한다. 적립식으로 매달 펀드에 가입할 경우에는 입금시점마다 다른 테마의 펀드에 가입할 수도 있다.

환매가능 여부에 따른 분류

펀드 설립 이후 자유로운 환매가능 여부와 환매수수료 부과기간에 따른 구분으로, 개방형과 폐쇄형이 있다.

개방형펀드

개방형펀드는 펀드의 존속기간에 환매를 자유롭게 청구할 수 있는 펀드로, 대부분의 수익증권이 이에 해당한다. 개방형펀드는 사전에 정해진 기간(환매제한기간) 이전에 환매를 청구할 경우 수익금액의 70%를 환매수수료로 부담하여야 하므로 최초 가입시점에 환매제한기간을 확인하여야 한다. 환매수수료는 환매 때문에 펀드가 재조정되기 때문에 내는 것으로, 여러 비용에 대한 보상의 성격을 띠며, 그 금액은 전액 펀드 내부로 귀속되어 다른 투자자의 이익이 된다.

폐쇄형펀드

폐쇄형펀드는 신탁기간에 환매가 제한되는 상품으로, 펀드매니저가 만기까지 자산을 안전하게 운용할 수 있는 펀드이다. 대부분의 뮤추얼펀드가 이에 해당하며, 투자자에게 유동성을 부여할 수 있도록 펀드를 증권시장에 상장하는 것이 일반적이다. 따라서 투자자는 투자자금의 투자기간을 정확히 예상하고 난 뒤 펀드 가입 여부를 결정하여야 한다.

과세방법에 따른 분류

펀드에 따라 세율에 차이가 있으므로 투자자는 자신이 투자하는 펀드에 어떠한 세제혜택이 주어질지 사전에 철저하게 알고 투자하여야 한다.

일반 과세형펀드

일반 과세형펀드는 펀드의 과세소득에 대하여 일반 소득세율이 적용되는 펀드이다. 펀드의 결산일 현재 채권 등의 편입비율이 50% 이상이면 이자소득세, 50% 미만이면 배당소득세가 부과된다. 그러나 이자소득이나 배당소득은 세율(15.4%)이 동일하므로 투자자로서는 따로 구분해봐야 실익이 없다.

세금우대형펀드

세금우대형펀드는 과세소득에 대하여 우대세율이 부과되는 펀드이다. 금융소득 종합과세 대상이 아니며, 1년 이상 펀드에 가입하면 저율과세(9.5%)된다. 1인당 가입 한도는 4,000만 원(노인, 장애자: 6,000만 원, 미성년자: 1,500만 원) 이내이며 금융기관 복수거래가 가능하다. 일반적으로 환매수수료 부과기간이 1년인 장기 하이일드, 채권형 등의 상품이 세금우대펀드로 판매되며, 별도로 세금우대펀드라는 명칭의 펀드는 없다.

분리과세형펀드

분리과세형펀드는 과세소득에 대하여 분리과세가 적용되는 펀드이다. 이 펀드는 가입한 뒤 투자자가 별도로 분리과세를 신청하면 세금이 33% 부과되고 과세 후 종합과세 대상에서 제외되지만, 분리과세를 신청하지 않으면 원천징수한 뒤 종합과세 대상이 된다. 이 상품은 신탁개시일로부터 신탁기간 만료일까지의 기간이 5년 이상,

공사채 투자비율이 50% 이상이어야 한다. 또한 일반적으로 종합과세 대상소득이 8천만 원 이상인 고소득자가 이에 해당하므로, 가입할 때 개인별로 유리한지 꼼꼼하게 따져보아야 한다.

비과세형펀드

비과세형펀드는 펀드수익에 대하여 이자나 배당소득이 전혀 부과되지 않으며 금융소득 종합과세 대상이 아니다. 대표적인 비과세형펀드에는 생계형비과세펀드가 있는데, 노인(남 65세, 여 60세 이상)과 장애자, 생계보호대상자, 국가유공자만 가입할 수 있다. 또한 비과세장기주식형펀드는 저축기간이 1년 이상이며 연평균 주식편입비율을 60% 이싱 유지하여아 한다. 이 핀드의 가입한도는 1인당 8,000만 원이며 2005년까지 발생하는 소득에만 비과세하였다.

5 채권형펀드의 종류

채권형펀드는 주식형펀드와는 달리 편입되는 채권의 만기나 신용등급에 따라 구분할 수 있다.

채권의 신용등급에 따른 구분

채권의 신용등급에 따라 국공채펀드, 투자등급펀드, 투기등급펀드 세 가지 유형으로 구분할 수 있다.

국공채펀드

정부나 공공기관이 발행한 채권으로 구성된 펀드이므로 신용등급은 우수하지만 수익률이 비교적 낮다.

투자등급펀드

투자가능 등급의 펀드는 채권 발행인의 신용도가 BBB 이상인 기업이 발행한 채권으로 구성한 펀드이므로, 채권의 발행금리가 국공채펀드보다는 높으나 투기등급펀드보다는 낮다.

투기등급펀드

투기등급펀드는 채권의 발행기업의 신용도가 BB 이하이므로 원금회수에 위험이 있으나 발행금리는 매우 높다. 이러한 투기등급채권으로 구성된 펀드는 고수익이 예상되지만 투자위험도 크기 때문에 하이일드펀드(high-yield fund)라고도 한다.

채권의 잔존만기에 따른 구분

편입채권의 잔존만기에 따라 장기채권펀드, 중기채권펀드, 단기채권펀드로 구분한다.

장기채권펀드

잔존만기 3년 이상인 채권으로 구성된 펀드를 말한다. 그러나 국내에서는 회사채의 만기가 3년인 것이 일반적이다. 펀드가입 후 1년 이내에 환매하면 환매수수료를 부과한다.

중기채권펀드

잔존만기 1~2년인 채권으로 구성된 펀드를 말한다. 펀드가입 후 9개월 이내에 환매하면 환매수수료를 부과한다.

단기채권펀드

잔존만기 1~2년인 채권으로 구성된 펀드를 말한다. 펀드가입 후 6개월 이내에 환매하면 환매수수료를 부과한다.

6 실물자산의 유형에 따른 분류

부동산펀드

부동산펀드는 부동산매매·부동산 개발사업·프로젝트 파이낸싱·해외부동산 등에 투자하여 발생하는 투자수익을 투자자에게 분배하는 펀드이다.

선박펀드

선박펀드는 선박운용회사를 통해 새로운 선박을 구입하여 발생하는 임대수익을 투자자에게 분배하는 펀드이다.

경매펀드

경매펀드는 일반적으로 수익성이 높은 경매나 공매시장에 나온

부동산 등에 투자하여 발생한 수익을 투자자에게 분배하는 펀드를 말한다.

금펀드

금펀드는 국제 금시장에 투자하여 얻은 수익을 투자자에게 분배하는 펀드이다. 최근 미국 달러화의 약세로 달러화와 반대로 움직이는 금펀드가 큰 수익을 올리고 있다.

엔터테인먼트펀드

영화나 음반 등의 엔터테인먼트 사업에 투자하여 얻은 수익금을 투자자에게 분배하는 펀드이다. 최근에 투자자들에게 자금을 모아 투자한 영화가 흥행에 성공하여 수익을 투자자들에게 분배한 사례가 있다.

- 존 템플턴

현존하는 월가의 최고 투자자로 인정받는 템플턴은 박애주의자로도 유명하다. '투기가 아닌 투자를 하라.' '모든 사람이 비관적일 때 더 이상 붕괴는 없다' 같은 그의 가르침은 월가의 투자매뉴얼로 전해진다.

템플턴은 제2차 세계대전 직후인 1939년 뉴욕증권거래소 상장주 가운데서 1달러 미만의 주식 104종목을 선택하여 종목당 100달러에 해당하는 금액의 수량만큼 주식을 샀다. 이를 4년 뒤에 매각했는데, 34개 종목은 도산하고 수십 개의 종목은 30~40배의 이익을 남겨 1만 달러의 투자금액이 약 4만 달러가 되었다. 그는 전후에 미국 경제가 반드시 소생할 것이라고 믿었기 때문에 4년이라는 기간을 값이 싼 주식이 일반 대중에게 인기를 얻는 데 걸리는

TIP

기간으로 생각하고 기다린 것이다.

1980년대 초에 일본차의 인기로 포드사가 적자에 허덕일 때 포드에 투자하여 9배의 이익을 올렸으며, 1985년에는 정치 불안과 인플레이션으로 절망에 빠진 아르헨티나에 투자하여 4개월 만에 70%의 수익률을 올렸다. 또한 1997년 아시아 외환위기 상황에서 우리나라에 과감히 투자하여 엄청난 이익을 올렸다. 절망과 위기의 순간에 회생 가능성을 직감한 템플턴다운 투자였다.

템플턴은 종교에도 깊은 관심을 가지고 종교계의 노벨상에 해당하는 템플턴 상을 설립하기도 하였다. 그는 주식에 관한 정보를 성공한 실업가들의 모임인 라이포드 케이클럽(세계 24개국)에서 여유 있게 입수하거나, 30년 전에 조직한 전 세계 젊은 실업인의 모임에서 언제나 필요한 정보를 얻을 수 있었다. 펀드 운용실적은 1959~1978년까지 20년 동안 20배의 수익을 올렸고, 400개 펀드 가운데서 템플턴의 펀드는 항상 상승장에서는 상위 20위 이내, 하락장에서는 5위 이내에 진입하였다.

그는 항상 상대의 허를 찌르는 변화무쌍한 전법을 구사한다. '대중과 같은 행동으로는 투자에서 성공할 수 없다.' '주가가 변하므로 항상 변하는 것이 투자의 진리이다'라는 슬로건을 내세우며 나름대로 세운 투자의 원칙은 다음과 같다.

- 다른 사람들이 비관적이어서 투매할 때 매입하고, 낙관적으로 열광할 때 팔아라.
- 잘 알려진 투자기법은 과감하게 바꿔라.
- 단기투자자들과 반대의 행동을 하라(매도시에 매입하고 매입시에 매도하라).
- 이번만은 다르다는 말은 믿지 마라.
- 강세장은 비관 속에서 태어나서 회의 속에서 자라나며, 낙관 속에서 성숙하여 절정에서 죽는다.
- 장기투자자의 목표는 세후 최고 이익의 실현이다.
- 반드시 분산투자를 활용하여 위험을 줄여라.
- 한 나라보다 세계를 상대로 투자하라.

4장

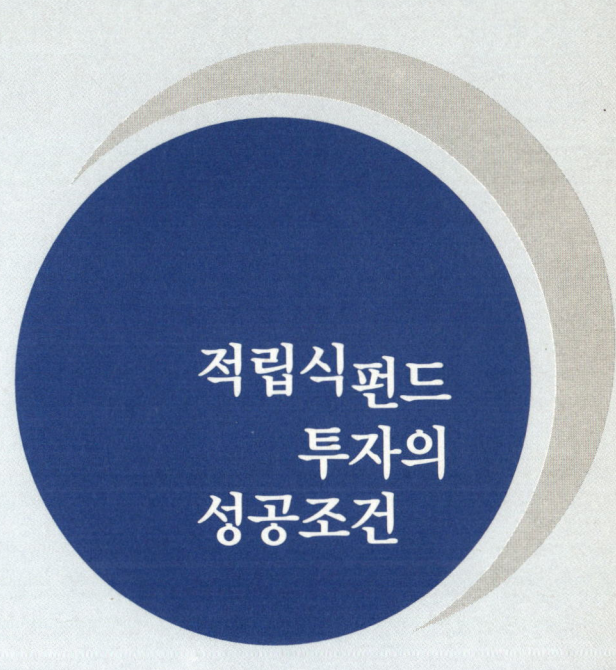

적립식펀드
투자의
성공조건

1 왜 적립식펀드인가

 적립식펀드란 특별한 펀드의 명칭이 아니라 투자자금을 은행의 적금처럼 장기간 분할하여 납입하는 펀드를 말하며, 자금을 일시에 납입하는 거치식펀드에 대한 상대적 개념이다.
 따라서 적립식펀드는 분산투자하는 펀드투자의 장점과 매입단가를 낮추는 분할매수의 장점을 동시에 이용하는 투자방법이라고 할 수 있다. 현재 적립식펀드는 투자의 세계에서 안정성과 수익성을 동시에 추구할 수 있는 투자방식으로 높이 평가받고 있으며, 선진국에서는 가장 보편적인 투자방식으로 이용한다.
 요즘 증권회사나 은행의 주력 판매상품은 펀드이고, 그중에서도 적립식펀드가 50% 이상을 차지한다. 과거 근로자들의 주된 재산형성 방법은 은행의 재형저축이었으나, 저금리시대의 지속으로 은행의 예금금리에 돈을 묶어둘 수 없게 되었다. 즉 투자자들이 좀더 높은 수익이 기대되는 주식 쪽으로 방향을 돌린 것이 계기가 되었다고 하겠다.

　적립식투자는 주가가 상승하면 매수주식의 수량이 줄어들지만, 주가가 지속적으로 하락하면 동일한 금액으로 더 많은 주식을 살 수 있기 때문에 결국 매입단가를 낮추는 '코스트 애버리징(cost averaging)' 효과가 발생하게 된다. 따라서 자동으로 '분할매수'라는 투자원칙을 따르는 우수한 투자방법을 실현하게 되는 셈이다.

적립식펀드는 일정 금액을 일정 기간 분할하여 규칙적으로 투자하는 방법으로, 분산투자로 위험을 줄이고 분할적립으로 평균매입단가를 낮추는 효과가 있다.

2 적립식투자와 거치식투자의 차이

은행이나 증권회사의 창구에서는 아직도 무조건 적립식펀드에 가입하라고 권유하는 경우가 많다. 가입한 지 1~2년 이상 된 사람들의 수익률 사례를 제시하며 '고객 모으기'에 열을 올린다. 하지만 2005년부터 눈덩이처럼 불어난 적립식펀드의 투자수익률이 기대에 미치지 못하는 경우가 있다. 그 이유는 무엇일까?

적립식펀드도 손실을 가져올 수 있다?

2004년 말 이후 적립식펀드에 가입한 투자자는 예상보다 수익률이 저조했다. 그 이유는 주가가 상당한 수준으로 이미 올라버린 상태에서 투자를 시작했기 때문이다. 다음 표는 계산방법은 정확하지

2005년 월말 기준 KOSPI지수												
월말	1월	2월	3월	4월	5월	6월	7월	8월	9월	10월	11월	12월
지수	932	1,011	965	911	970	1,008	1,111	1,083	1,221	1,145	1,297	1,379

는 않으나 이해를 돕기 위한 것이니 단순하게 생각해보자.

예를 들어 2005년 1월부터 12월 말까지 적립식펀드에 가입해 매달 말 일정 금액을 12개월 동안 계속 불입한 투자자는 코스피지수로 평균 1,086포인트에 주식을 편입한 셈이 된다. 이는 12월 말 현재 코스피지수 1,379포인트와 비교하면 27% 정도 수익률이 난 상태이다.

그러나 이 금액을 1월 초에 거치식으로 일시에 투자했다면 1월 말 코스피지수 932포인트와 비교하면 48% 수준의 수익을 얻었을 것이다. 거치식펀드에 투자한 결과가 적립식펀드에 투자한 경우보다 2배 정도 높은 수익률을 올린 것으로 나타난 것이다.

그 이유는 2005년의 경우 주가가 1년 내내 계속해서 상승 기조를 유지하였기 때문이다. 적립식펀드의 가장 큰 장점인 매입단가 평준화의 효과는 주가가 만기 이전에 큰 폭으로 하락을 반복하여야 가장 크게 나타난다.

적립식펀드는 정말 불리할까

적립식펀드는 일단 지수가 하락장세 후기에 들어서면서부터 투자를 시작하여 바닥을 친 후 상승기로 완전히 전환했을 때 환매하면 매입가격 하락효과가 나타나 수익률이 높게 나는 투자구조이다. 그러나 투자자들은 주가가 낮은 시점이 아닌 일정 수준 이상으로 상승한 뒤에야 비로소 투자를 시작하여 주가가 정점에 달할 때까지 계속 투자하기 때문에 펀드에 매입한 주식의 평균가격 수준이 매우 높게 된다. 이러한 경우 적립식투자의 매입가격 평준화 효과를 얻기 어렵다고 하겠다.

그러나 여기서 한 가지 짚고 넘어가야 할 점은 주가가 바닥에 있을 때 거치식으로 집중해서 펀드에 투자할 투자자가 과연 몇 명이나 있을까 하는 것이다.

투자자들은 대부분 투자시점에 대한 확신이 서지 않아 망설이다가 주가가 상당히 오른 뒤에야 확신을 가지고 투자하기 때문에 정확한 투자 타이밍을 잡기 어렵다. 그러나 적립식투자는 매입가격평준화 효과가 있으므로 매입시점에 크게 구애받지 말고 환매시점만 신경 쓰면 효과를 볼 수 있다.

적립식투자와 거치식투자의 차이

적립식펀드와 거치식펀드는 투자기간과 투자방법이 서로 다르기 때문에 동일한 펀드라도 그 결과가 다르게 나타난다. 적립식펀드는 매달 일정 금액을 투자하기 때문에 주가의 바닥이 확인되지 않아도 크게 신경 쓰지 않고 가입하면 결국 투자기간의 평균가격으로 주식을 계속 매입한 셈이 되기 때문이다. 다만 주의할 점은 돈을 찾는 환

적립식투자와 거치식투자의 수익구조의 차이		
구분	유리한 경우	불리한 경우
적립식펀드	주가가 평균매입단가보다 상승한 뒤 환매한 경우	주가가 평균매입단가보다 하락한 시점에 환매한 경우
거치식펀드	주가가 가입시점보다 상승한 뒤 환매한 경우	주가가 가입시점보다 하락한 뒤 환매한 경우

매시점이 평균매입가격보다 높아야 이익을 얻을 수 있다.

그러나 거치식펀드는 일시에 거액의 자금이 투자되므로 주가가 가능한 한 낮은 시점에 가입하고 환매시점은 주가가 가능한 한 높은 시점에 맞추어야 주가상승분만큼 투자수익률을 얻을 수 있다. 이 경우는 투자자가 주식시장에 전문적인 지식이 있어야만 가능한 투자 스타일이다. 그러나 현실적으로 그 타이밍을 찾기는 매우 어렵다.

3 적립식펀드의 매입단가 하락효과

매월 50만 원씩 적립식펀드에 가입한 다음과 같은 사례를 생각해보자. 주가의 변동에 따라 매입좌수가 변하며 마지막에 지수가 최초의 매입시점과 동일하게 된 사례이다. 매달 10% 정도 지수가 상승과 하락을 반복했다고 가정해보자.

지수가 상승/보합/하락한 뒤 보합인 경우

매수지점	투자금액(원)	기준가격(원)	매입좌수(좌)	평균매입단가(원)	평가수익률(%)
1월	500,000	1,000	500,000	1,000	0.00
2월	500,000	1,100	454,545	1,048	4.96
3월	500,000	1,000	500,000	1,031	−0.30
4월	500,000	900	555,555	995	−9.55
5월	500,000	1,000	500,000	996	0.40
합계	2,500,000		2,510,100		

* 평균매입단가는 (총투자금액/총매입좌수)×1,000원이다.
* 평가수익률은 (기준가격/평균매입단가)−1×100%이다.

이 경우 주가는 상승과 하락을 반복한 뒤 최초의 매입시점의 기준가격으로 된 것이다. 거치식의 경우 기준가격은 처음 시점과 일치하여 이익은 없으나, 적립식의 경우에는 0.4%의 이익을 얻었다.

지수가 상승/보합/하락/보합한 뒤 10% 상승한 경우

매수지점	투자금액(원)	기준가격(원)	매입좌수(좌)	평균매입단가(원)	평가수익률(%)
1월	500,000	1,000	500,000	1,000	0.00
2월	500,000	1,100	454,545	1,048	4.96
3월	500,000	1,000	500,000	1,031	−0.30
4월	500,000	900	555,555	995	−9.55
5월	500,000	1,000	500,000	996	0.42
6월	500,000	1,100	454,545	1,012	8.70
합계	3,000,000		2,964,645		

이 경우 거치식은 기준가격의 상승률인 10%의 이익을 얻었으나, 적립식은 평균매입단가가 높아져 8.7%의 이익만을 얻었다.

지수가 상승/보합한 뒤 10% 하락한 경우

매수지점	투자금액(원)	기준가격(원)	매입좌수(좌)	평균매입단가(원)	평가수익률(%)
1월	500,000	1,000	500,000	1,000	0.00
2월	500,000	1,100	454,545	1,048	4.96
3월	500,000	1,000	500,000	1,031	-0.30
4월	500,000	900	555,555	995	-9.55
합계	2,000,000		2,010,100		

이 경우 거치식에서는 10% 손실을 입었으나, 적립식에서는 하락시점의 매입단가 하락효과가 반영되어 9.5%의 손실을 입었다.

지수가 하락한 뒤 보합인 경우

매수지점	투자금액(원)	기준가격(원)	매입좌수(좌)	평균매입단가(원)	평가수익률(%)
1월	500,000	1,000	500,000	1,000	0.00
2월	500,000	900	555,555	947	-5.46
3월	500,000	900	555,555	964	3.73
4월	500,000	1,000	500,000	947	5.60
합계	2,000,000		2,111,110		

이 경우 거치식은 기준가격이 원상태로 되었으므로 수익률은 없으나, 적립식은 2월과 3월 하락시점의 매입단가 하락효과가 반영되어 5.60%의 이익을 얻었다.

지수가 하락/보합한 뒤 10% 상승한 경우

매수지점	투자금액(원)	기준가격(원)	매입좌수(좌)	평균매입단가(원)	평가수익률(%)
1월	500,000	1,000	500,000	1,000	0.00
2월	500,000	900	555,555	947	-4.96
3월	500,000	1,000	500,000	964	3.73
4월	500,000	1,100	454,545	995	10.55
합계	2,000,000		2,010,100		

이 경우에는 거치식은 10%의 이익을 얻은 반면, 적립식은 2월 하락시점에 매입이 있었으므로 매입단가 하락효과를 얻어 10.55%의 이익을 얻었다.

위의 간단한 사례에서 보면 적립식투자의 장점은 가입기간에 주가가 많이 하락하고 환매시점에 상승해 있을 때 발휘된다. 따라서 적립식투자는 주가가 상승시점에 투자하기보다는 하락하는 시점에 두려움 없이 꾸준하게 투자하는 것이 성공의 지름길이라고 할 수 있다.

• 개인투자자의 투자행태

일반 개인투자자들이 가장 범하기 쉬운 어리석은 일은 주가가 상당한 수준 (30~50%)으로 오르고 신문이나 TV에서 확실한 상승분위기를 읽은 다음에야 비로소 주식이나 펀드에 관심을 가지기 시작한다는 점이다. 지나고 보면 이러한 시점은 주가가 이미 허리 위로 올라와서 거의 정점을 향해 달리는 때이다.

여기저기 수소문한 뒤에 비로소 주식을 매수하지만 조금 있으면 주가가 조정을 받기 시작한다. 일정한 수준까지 떨어지면 그때는 주식을 재매수하여 소위 물타기를 하는 경우도 많다. 그 이유는 보유주식의 매수단가를 낮추기 위함일 것이다. 이때 주가는 약간 반등을 보이다가는 다시 하락한다.

그런데도 투자자는 어쩔 수 없이 주식을 장기간 보유하는 것이 현명하다고 자위하면서 하락하는 상황에서도 원금을 회복할 기회를 기다리면서 버티는 경향이 있다. 그러다가 주가가 큰 폭으로 하락을 계속하면 더욱 큰 불안감을 느끼고 지난 기회에 팔지 못한 것을 후회하면서 기다리는 경향이 있다. 주가는 이미 대세 하락기에 접어들어 30~40% 떨어져버린 상태이다. 어느 정도 시간이 흐른 뒤 주가는 다시 큰 폭으로 급락하는 경향이 있다. 이러한 상태가 계속되면 투자자들은 거의 공포감에 휩싸여 원금의 일부라도 건지겠다는 생각으로 과감(?)하게 투매(投賣)하고 다시는 주식투자를 하지 않겠다고 결심한다. 이것이 일반투자자들의 주식투자 패턴이다.

그러나 이러한 투매가 이어지는 공황상태가 지나면 일정 기간 휴식기를 거쳐 거래량이 다시 늘어나기 시작하고 기관투자자나 큰손들이 다시 매집을 시작하게 된다. 이 시기가 대세 상승의 전주곡이 울려 퍼지는 단계이다.

4 적립식펀드 투자의 성공요건

　적립식펀드 투자의 성공요건은 주식 매수시점을 분산하여 매수단가를 평준화하는 것과 주가가 상승한 시점을 환매시점으로 정하는 데 있다. 즉 주가가 상당 수준 하락하였을 때 분산하여 계속 매수하면 평균 매수단가가 낮기 때문에 매입좌수는 더욱 많아진다.
　적립식펀드는 단기투자가 아니라 3년 이상 장기간 투자하기 때문에 일시적인 주가의 변동에는 크게 신경 쓸 필요가 없다. 따라서 일정 금액을 계속 분산하여 투자하는 적립식투자는 일시에 전체 금액을 투자하는 거치식투자의 위험을 피할 수 있는 장점이 있다. 그러나 좀더 중요한 것은 환매시점을 잘 결정하는 일이다.
　거치식펀드는 적절한 매입시점을 포착하기가 전문가들도 매우 어려운 것이 사실이며, 설령 그 기회를 포착했다 하더라도 실행에 옮

기기는 더더욱 어렵다. 투자의 기본원리는 가격이 떨어졌을 때 사고 가격이 비쌀 때 팔아서 이익을 얻는 것이다. 그런데 가격이 쌀 때 사기가 정말 어려운데, 이는 주가가 더욱 떨어질 것으로 예상하기 때문이다. 적립식펀드는 이러한 어려움을 해결해주는 방안이 된다. 그 주된 이유는 장기간 분산매입하기 때문이다.

 적립식펀드 투자 성공의 초점은 주가가 등락을 반복하면서 하락하더라도 주식 매수시점을 분산하여 계속 매수하면서 평균매수단가를 낮추는 것과 주가가 어느 정도 상승한 시점을 환매시점으로 정하는 것이다.

5 적립식펀드의 투자효과

　2005년 초부터 적립식펀드에 매달 일정 금액을 꾸준히 불입한 투자자들은 단기적인 시황의 변동과 상관없이 상당한 수익을 거둔 것으로 나타났다. 주가가 오르면 오르는 대로, 떨어지면 떨어지는 대로 지속적으로 주식을 사들이는 장기 분할투자의 성과를 실감케 하는 대목이다.

　① 적립식펀드는 주가의 변동, 즉 기준가격(주가)의 등락이 큰 펀드에 장기간 투자해야 유리한 펀드이다. 이는 주가가 하락했을 때에도 매입하였으므로 평균매입단가가 낮아졌기 때문이다.
　② 기준가격(주가)이 계속 상승하였다가 하락하여 제자리로 돌아온 경우나 좀더 하락하였다가 제자리로 되돌아온 경우에도 큰 수익

적립식펀드 투자수익률 산출사례 ①					
매수지점	투자금액(원)	기준가격(원)	매입좌수(좌)	평균매입단가(원)	평가수익률(%)
1월	500,000	1,000	500,000	1,000	0.00
2월	500,000	950	526,316	974	-2.47
3월	500,000	900	555,555	948	-4.96
4월	500,000	850	588,235	922	-7.81
5월	500,000	800	625,000	894	-10.51
6월	500,000	850	588,235	867	-1.96
7월	500,000	900	555,555	889	+1.24
8월	500,000	950	526,316	896	+6.03
9월	500,000	1,000	500,000	906	+10.38
합계	4,500,000		4,965,212		

을 얻을 수 있다. 따라서 주가가 하락시점이라도 매수하는 것을 두려워하지 말아야 한다.

적립식투자에서 매입기회를 적절히 포착하여 주가가 하락한 뒤 원래의 자리로 돌아온 경우 수익률을 다음 표에서 알아보자. 이 경우 거치식투자에서는 수익률이 전혀 나지 않은 것과는 상당히 대조된다.

위의 사례에서는 1월부터 9월까지 매달 말일에 500,000원씩 적립하고, 이 기간의 기준가격(주가)은 최초 가입시점 1,000원에서 4개월 동안 매달 50원씩 하락한 뒤 4개월 동안 매달 50원씩 다시 올라서 최초의 기준가격(주가) 1,000원으로 원상태로 회복된 경우를 생각해보았다. 즉 최초 가입시점의 기준가격에서 20%가 하락한 뒤 다시 반등하여 최초 가입시점의 기준가격으로 회복한 경우이다.

이 경우에 10.38%라는 놀라운 수익률을 얻을 수 있었다. 만약 거치식펀드에 투자했다면 기준가격이 가입시점 그대로이므로 수익률이 하나도 나지 않았을 것이다.

여기서 우리는 적립식투자의 위력을 알 수 있다. 그 이유는 기준가격이 하락할 때마다 계속 매입했기 때문에 평균매입가격이 하락하여 906원으로 떨어졌고, 현재 기준가격이 1,000원으로 되어 10.38%라는 수익률이 났기 때문이다.

③ 적립식펀드의 수익률을 좌우하는 것은 첫째, 분할매입하여 평균 매입단가를 낮추는 것과 둘째, 마지막 환매시점의 기준가격(지수)의 상승이다. 따라서 아무리 장기간 분할매입하여 평균매입단가를 낮추었다고 하더라도 기준가격(주가)이 더 낮은 시점에 해지하면 아무 효과가 없다.

앞의 사례에서 기준가격이 20% 떨어진 시점인 5월에 해지하면 수익률은 -10.51%이며, 10% 하락한 시점인 7월에 해지하면 +1.24%의 수익률을 얻을 수 있었으나, 원래의 기준가격(지수)인 9월에 해지하면 10% 이상의 수익률을 얻을 수 있었다.

적립식펀드 투자의 초점은 하락장세에서 분할매수를 하여 평균매입단가를 낮춘 뒤 기준가격이 올라 있을 때 환매하는 것이다.

6 적립식펀드 투자시 확인할 것

적립식펀드에 투자하려는 투자자는 무조건 판매회사로 갈 것이 아니라 사전에 투자에 관련된 사항을 확인하고 결정하여야 할 일이 있다. 투자시점, 투자금액, 투자기간, 투자대상자산, 기대수익률 등을 미리 결정하여야 한다.

가구를 하나 살 때도 미리 여러 사람의 의견을 듣거나 인터넷에서 검색하여 여러 가지 정보를 얻어 검토한 뒤 결정한다. 하물며 많은 돈을 계속해서 투자하는 펀드에 가입할 때는 사전에 충분히 상담한 다음 결정하여야 한다.

투자기간

자금 투자기간

적립식펀드도 투자성과에 따라 수익률이 결정되는 투자형 상품이므로 투자기간을 잘 선정하여야 한다. 특히 환매제한기간 안에 사용할 단기자금을 적립식으로 투자해서는 70% 수준의 환매수수료를 납부하고 나면 아무런 이득이 없으므로 투자기간 결정에 유의하여야 한다.

투자 시작시점

적립식투자가 보유자산의 가격을 평준화하는 효과가 있는 상품이라고 하더라도 상대적으로 가격이 높은 기간에 집중적으로 투자한다면 매입평균가격이 높아질 수밖에 없다. 적립식펀드는 적어도 3년 이상의 투자기간이 소요되므로 좀더 거시적인 관점에서 투자 시작시점을 결정하여야 한다. 이때 대상자산이 어떠한 자산인지에 따라 판단기준이 달라질 수 있다. 이 경우 공통적으로 활용할 수 있는 기준이 경기순환의 원리이다.

경기는 한 방향으로만 움직이는 것이 아니라 일정한 주기를 두고 상승과 하락을 반복한다. 경기는 회복기 → 활황기 → 후퇴기 → 침체기의 사이클을 그리며 계속 순환한다. 이 경우 경기가 후퇴기에서 침체기로 진입한 이후가 가장 적절한 투자 시점이라고 판단된다. 그 이유는 이때가 적립식펀드의 장점인 매입단가 평준화의 효과가 가장 커질 수 있는 시점이기 때문이다. 또한 3년의 투자가 끝나는 환매시점의 경기는 상당한 수준에 올라올 것이기 때문이다.

적립식펀드뿐만 아니라 거치식펀드도 투자 종료시점에 투자자산의 가치가 상승해 있어야 수익을 극대화할 수 있다는 사실을 예상하여 투자기간, 즉 투자 시작시점과 종료시점을 결정하여야 한다.

운용자산별 투자기회

증권시장의 주가지수는 6~9개월 정도 경기에 대한 선행지표 역할을 하고, 채권시장과 부동산시장은 경기에 대한 후행지표 역할을 한다. 물론 경우에 따라 다소 차이는 있겠으나, 경기변동의 사이클에 따라 적절한 투자대상 자산이 달라져야 한다. 운용하는 돈의 가치는 경기의 변동에 따라 실질가치가 변하기 때문에 경기에 대한 이해는 투자할 때 필수사항이다.

납입일자와 납입금액

적립식펀드도 투자금액을 납입하는 시기나 금액에 따라 유형을 나눌 수 있다. 납입시기에 따라 정기적립식과 임의적립식으로 나눌 수 있으며, 납입금액에 따라 정액적립식과 자유적립식으로 나눌 수 있다. 하지만 일반적으로 정기적립식은 정액적립식이 되고 임의적립식은 자유적립식이 된다. 그러나 납입기간을 임의적립식으로 하고 납입금액을 자유적립식으로 하면 자칫 적립식펀드의 특성인 가격평준화 효과를 놓칠 수 있으므로 유의하여야 한다.

납입시기에 따른 구분(정기적립식과 임의적립식)

정기적립식은 계좌 자동이체 등을 이용해 매달 일정한 날에 투자금액이 펀드에 납입되는 방식이며, 임의적립식은 매달 정해진 날짜가 아니라 자신의 판단에 따라 날짜를 정하여 납입하는 방식이다. 그러나 적립식펀드는 투자기간이 3년 이상인 장기투자인 경우 가격평준화의 특성이 충분히 반영되므로 적립일자의 차이에 따른 구분은 그다지 중요하지 않다. 단지 자신의 월급날짜 등에 맞추어 편리한 시점에 자동이체를 하면 무난할 것이다.

납입금액에 따른 구분(정액적립식과 자유적립식)

정액적립식은 가입 시점에 정해진 금액을 계속해서 납부하는 방식이며, 자유적립식은 납입금액을 자신의 형편에 맞추어 자유롭게 변경할 수 있는 투자방식이다. 그러나 자유적립식은 너무 지나치면 적립식펀드의 특징인 가격평준화 효과가 반감될 수 있다.

따라서 자신의 투자목적, 즉 자녀교육자금 또는 노후생활비 등 자신의 라이프 플랜을 정하여 투자금액을 맞추면 무난하리라고 본다. 이때 소요되는 목표금액을 정하고 약간 여유 있게 적립금액을 결정하는 것이 좋다. 그러나 특별한 목적이 없는 경우에는 자기 생활에 무리가 가지 않는 범위 내에서 일정 금액을 꾸준히 적립하는 것이 무난하다.

투자대상자산

적립식펀드에 투자하는 경우에는 어떠한 자산에 투자할 것인지 결정하여야 한다. 일반적으로 가격변동이 큰 자산은 위험이 높고, 가격변동이 낮은 자산은 위험이 낮다. 그러나 적립식펀드의 장점은 가격평준화 효과이기 때문에 가격변동이 심한 자산에 투자하여야 상대적으로 높은 수익률을 올릴 수 있다. 따라서 채권형펀드같이 가격변동이 없는 자산은 투자대상자산으로 부적합하므로 주식형펀드같이 위험이 높고 기대수익률도 높은 자산을 투자대상으로 선정하는 것이 상대적으로 유리하다.

기대수익률

펀드에 투자하는 투자자에게 가장 큰 관심은 자신이 선택한 펀드의 기대수익률이다. 대부분의 펀드 판매회사에서는 과거 운용 수익률 중에서 가장 우수한 성과를 거둔 펀드를 중점적으로 홍보할 것이며, 투자자도 자신이 선택한 펀드가 그렇게 우수한 수익률을 얻을 것으로 기대한다. 그러나 그것은 어디까지나 과거의 수익률일 뿐 미래의 기대수익률이 될 수 없으며, 미래의 시장 상황도 과거와 일치할 리 없다. 따라서 투자자는 판매회사의 홍보에 현혹되지 말아야 한다.

펀드의 기대수익률을 계산할 때는 먼저 투자대상자산의 구성을 보아야 한다. 펀드의 기대수익률은 주식과 채권의 투자비율에 따라 각각의 기대수익률을 곱하여 합하면 계산할 수 있다. 주식은 채권보다 위험이 높기 때문에 기대수익률을 높게 보는 것이 당연하다.

- 적립식펀드의 투자 포인트

 - 최소 3년 이상 장기투자하라.
 - 지나치게 신중하게 투자할 필요는 없다.
 - 단기적인 운용성과에 집착하지 마라.
 - 운용수수료가 너무 비싼 펀드는 피하라.
 - 설정기간이 오래이지만 설정액이 적은 펀드는 피하라.
 - 보험가입 등 부수적인 혜택도 확실히 챙겨라.

7 채권형 적립식펀드

 채권의 투자수익률을 결정하는 여러 요인 중에서 대상 채권의 신용등급과 잔존만기가 가장 중요하다. 신용등급이 낮을수록 그리고 잔존만기가 길수록 수익률은 높고 위험은 커진다. 따라서 채권형펀드를 선정할 때 펀드 내에 편입된 채권의 신용등급과 잔존만기를 확인하면 기대수익률과 투자위험을 알 수 있다. 적립식으로 채권형펀드에 가입하기 전에 다음 사항을 확인하면 좀더 유리하게 투자할 수 있다.

 ① 펀드에 편입될 채권의 특성을 미리 검토하여야 한다. 수익률이 높다고 하여도 만기가 지나치게 긴 것이나 투기등급채권은 원금회수 불능위험이 있기 때문에 피하는 것이 좋다.

② 자신의 자금운용의 용도에 따라 펀드의 환매제한기간과 비교해 보고 펀드를 결정하여야 한다. 채권형펀드는 주식형펀드와 달리 가격의 변동이 그렇게 심하지 않으므로 적립식투자의 효과가 그다지 크지 않다. 따라서 자금 사용시기와 환매제한기간을 맞추어 펀드를 선정하여야 환매수수료 부담을 피할 수 있다.

③ 호경기인 경우에는 신용등급에 지나치게 민감할 필요가 없다. 경기가 호황기이고 시중의 경제여건이 양호하면 기업이 부도나서 채무불이행 사태가 발생하는 일은 흔하지 않다. 따라서 신용등급이 1, 2단계 아래 등급의 채권이라 하더라도 수익률이 높으면 투자를 고려할 수 있다.

④ 펀드 편입채권을 너무 다양화하지 마라. 채권은 주식과 달리 관리가 용이하지 않다. 주식은 다양한 유형으로 펀드를 구성하면 투자 위험을 줄일 수 있고 관리도 그다지 어렵지 않다. 그러나 펀드는 편입채권이 너무 많은 것보다는 국공채펀드나 회사채펀드처럼 전문화된 채권으로 구성하는 것이 상대적으로 관리하기 용이하다.

8 펀드운용회사와 펀드매니저

펀드투자를 하기로 결정하고 난 뒤 가장 먼저 해야 할 일은 어느 운용회사가 운용하는 펀드를 선택하고, 펀드매니저는 누구로 할 것인지 정하는 것이다. 판매회사에서 비치해놓은 상품안내서에는 가장 보기 좋고 듣기 좋은 말로 가득 차 있다. 일반적으로 가장 우수한 성과를 거둔 펀드만을 예로 들기 때문에 일반투자자로서는 얼른 판단할 수 없다.

운용회사 선정

투자자가 운용회사를 선정할 때에는 운용자산의 잔고가 많으며, 운용하는 펀드의 종류도 다양한 회사를 찾게 된다. 그러나 일반적으로 운용회사를 선정할 때는 다음과 같은 사항을 고려하여 결정하여야 한다.

① 운용회사에서 운용하는 펀드가 오랜 기간 지속적으로 잘 운용되고 있는지 여부를 파악할 필요가 있다. 만일 어떤 펀드가 오랫동안 지속적으로 운용되고 있다면 그 펀드는 그동안 운용측면에서는 별다른 하자가 없었다고 볼 수 있다.

② 운용회사의 잔고가 계속 증가한다면 그 회사의 운용성과는 상대적으로 양호한 것이다. 만일 펀드의 운용실적이 나쁘면 고객은 하나 둘씩 펀드를 이탈하여 그 회사의 운용펀드의 잔고가 줄어들 것이기 때문이다.

③ 운용회사에서 근무하는 펀드매니저의 이동이 심하지 않아야 한다. 운용조직이 안정되고 운용성과가 양호하며 펀드매니저에게 동기부여가 제대로 되고 있다면 펀드매니저의 이동이 상대적으로 적을 것이기 때문이다.

④ 운용회사가 펀드운용 절차를 제대로 준수하는가 하는 점이다. 형식적으로만 투자절차 등을 수립해놓고 펀드매니저 개인에게 맡겨버리면 운용에 상당한 리스크가 수반된다. 회사 차원의 포트폴리오 관리전략에 따라 운용되는 체계적인 조직을 갖춘 운용회사를 선정하는 것이 좋다. 특히 인덱스펀드같이 시스템적 운용이 필요한 펀드는 펀드매니저 개인의 역량보다는 운용회사의 체계적인 시스템이 운용성과에 더욱 큰 영향을 미친다고 할 수 있다.

펀드매니저

운용회사에서 고객의 자산인 펀드를 직접 운용하는 펀드매니저는 펀드운용 성과에 가장 큰 영향을 미친다. 따라서 투자대상인 펀드를 결정하기 이전에 당해 펀드를 운용할 펀드매니저에 대한 사전 검토가 필요하다. 펀드매니저에 대하여 점검하여야 할 사항은 다음과 같이 생각해볼 수 있다.

① 해당 펀드의 투자제안서를 보면 담당 펀드매니저의 운용경력뿐만 아니라 해당 펀드에 대한 운용계획 등을 알 수 있다. 특히 경력 가운데서 회사이동이 잦은 경우나 운용펀드를 자주 변경한 펀드매니저는 바람직하다고 할 수 없다.

② 펀드매니저의 운용 철학과 스타일을 보아야 한다. 유능한 펀드매니저라면 자신의 뚜렷한 운용 철학에 따라 일관성 있는 운용스타일을 유지할 것이다. 예를 들면 주식의 비중을 60%에서 50%로 줄인 펀드매니저는 왜 40%가 아닌 50%로 축소하였는지 그 이유를 분명히 설명할 수 있어야 한다.

③ 펀드매니저의 과거 운용성과를 보아야 한다. 과거 운용성과는 1~2년 동안의 실적으로는 다 파악할 수 없고 최소한 5년 이상 검토해 보아야 알 수 있다. 이때 운용성과는 반드시 평가전문기관에서 발표하는 위험을 고려한 운용성과를 보아야 한다.

그리고 이 기간에 다른 펀드의 운용성과나 관련지수(예, 코스피지수) 등과 비교하면 참고가 된다. 그러나 인덱스펀드는 펀드매니저의 능력보다는 운용회사의 운용 시스템이 더 중요하다고 할 수 있다.

④ 시장이 침체상태에 있을 때 어떻게 시장에 대처했는가 하는 위기관리능력에 대한 점검이 필요하다. 왜냐하면 주식경기가 호황일 때와 불황일 때 펀드매니저의 능력이 현저히 달라질 수 있기 때문이다.

예를 들면 공격적인 펀드매니저는 호황일 때는 수익률이 상대적으로 높지만 불황일 때도 공격적인 운용스타일 때문에 수익률이 매우 낮은 경우가 많다. 또한 주식시황이 악화되었을 경우 선물이나 옵션 등의 파생상품으로 헤지할 수 있는 능력이 있어야 한다. 특히 미국에서처럼 대형펀드를 10년 이상 장기간 운용하는 펀드매니저라면 위기관리능력은 이미 검증받은 것으로 보아도 무방하다.

운용전담팀

최근에는 펀드매니저 개인보다 팀별로 운용을 책임지는 경향이 있다. 이때도 해당 팀이 운용한 펀드의 운용성과 등을 앞에서 언급한 사항을 적용하여 점검할 수 있다. 팀별 운용에는 해당 팀장의 운용능력이 영향을 많이 미치기 때문에 이에 대한 사항도 펀드매니저의 경우와 동일하게 검토하여야 한다.

9 펀드평가회사 이용

펀드평가회사는 무엇인가

펀드평가회사는 펀드평가에 필요한 수익률과 투자위험 등 여러 가지 자료를 종합적으로 검토하여 나름대로 기준에 따라 우수한 펀드를 선정하여 발표하는 기관이다. 따라서 펀드 판매회사들도 나름대로 우수한 상품을 투자자에게 판매하기 위하여 펀드평가회사가 발표한 평가를 보고 우수한 펀드를 선정하여 판매하게 된다.

평가회사의 평가대상이 되는 펀드는 주식형은 100억 원 이상, 채권형은 200억 원 이상이고 운용기간이 1년이 넘는 펀드들이다. 국내 평가회사로는 모닝스타코리아, 제로인, 한국펀드평가 3사가 있다. 이 회사들은 나름대로 적절한 기준을 만들어 평가하기 때문에 회사마다 기준과 표시방법이 조금씩 다르다. 따라서 이러한 내용을 알고 평가회사에게서 우수한 평가를 받은 펀드에 투자하는 것이 현명한 투자자의 자세라고 할 수 있다.

평가회사별 평가 스타일

모닝스타코리아

이 회사는 약관상이 아니라 실제 주식편입비율이 60% 이상이면 주식형, 60% 미만이면 혼합형, 주식이 전혀 없으면 채권형 펀드로 구분한다. 그리고 이들 펀드의 위험을 감안한 수익률인 위험조정수익률(MRAR)을 자체적으로 이용하여 운용성과의 우수 여부를 ★를 붙여 표시한다. 상위 10% 이내의 펀드는 5개, 그 다음 22.5% 이내는 4개, 35% 이내는 3개, 22.5% 이내는 2개, 나머지 10%는 1개의 별을 붙인다.

제로인

모닝스타와는 달리 약관상 주식편입비율을 기준으로 유형을 구분한다. 그리고 이들 펀드의 위험을 감안한 수익률인 위험조정수익률을 자체적으로 이용하여 운용기간이 1년 이상인 펀드의 운용성과의 우수 여부를 푸른색 태극문양을 붙여 표시한다. 상위 10% 이내의 펀드는 태극문양을 5개, 그 다음 4개, 3개, 2개, 1개의 순으로 붙인다.

한국펀드평가

펀드의 위험을 감안한 수익률인 상대위험조정수익률(BBAR)을 자체적으로 이용하여 운용기간이 1년 이상인 펀드의 수익률 랭킹을 감안하여 AAA, AA, A, BBB, BB를 붙여 표시하며, BBAR 우선순위에 따라 별표를 5개, 4개, 3개, 2개, 1개 붙인다.

5장

실전 적립식펀드 투자 요령

1
적립식펀드 가입

가입절차

적립식펀드에 대하여 이해하고 난 투자자가 실제 펀드에 가입하고자 할 경우 펀드 판매회사인 증권회사나 은행 또는 보험회사 등을 직접 방문하여 가입절차를 밟아야 한다.

판매회사의 결정

적립식펀드에 가입하고자 하는 투자자는 자신이 원하는 펀드를 판매하는 금융기관을 먼저 결정하여야 한다. 판매회사로는 취급상품이 다양한 회사가 상대적으로 선택의 폭이 넓다고 할 수 있다. 이때 반드시 본인이 거래하기에 편리한 판매회사를 선택하는 것이 중요하다.

  여기서 편리하다는 말은 첫째, 환매나 계약종료 등의 경우에 대비해 자신이 왕래하기에 편리한 판매회사를 말하며 둘째, 자신의 거래은행의 계좌이체가 용이한 판매회사를 말한다. 만일 다른 회사를 선정할 경우에는 새로운 통장을 개설해야 하는 등 여러 가지 불편한 과정을 거쳐야 한다. 그러나 무엇보다도 자신이 원하는 운용회사가 운용하는 유형의 펀드를 판매하는 회사여야 함은 말할 필요도 없다.

판매회사 방문시 가지고 갈 것

  펀드에 가입하기 위해 판매회사를 찾을 경우 일반 금융기관을 방문할 때와 마찬가지로 주민등록증, 인감, 투자금액을 가지고 가야 한다. 적립식펀드의 경우에는 매달 일정 금액을 자신의 계좌에서 이체하기 위하여 거래 은행 계좌번호를 메모해 가는 것도 잊지 말아야 한다.

실명확인

  금융기관에 계좌를 개설할 때 반드시 본인인지 실명확인을 거쳐야 하는데, 이때 본인의 주민등록증이 필요하다. 본인이 직접 가지 않으면 대리인 확인 절차를 거쳐야 한다. 대리인 확인은 가입자가 가족이면 이를 증명할 수 있는 주민등록등본이나 건강보험증을 가지고 가면 되고, 가족이 아니면 위임장을 준비하여야 한다.

수익증권 통장개설

펀드에 가입하기 전에는 판매회사에서 수익증권통장을 만들게 된다. 펀드가입도 주식투자와 마찬가지로 직접 수익증권을 주고받는 것이 아니라 통장이나 카드로 거래하기 때문이다. 이때 반드시 필요한 절차는 본인의 서명과정이다. 앞으로 본인이 항상 직접 방문할 때는 인감 대신 자필서명으로도 거래가 가능하다. 그러나 본인이 직접 다니기 불편하면 인감을 이용하는 것이 편리하다.

펀드 가입

통장을 개설한 투자자는 앞에서 설명한 내용을 생각하면서 담당 재무설계사와 충분히 상담한 뒤 자신이 원하는 유형의 펀드에 직립식으로 가입하면 된다. 이때 투자신탁설명서와 펀드약관에 관한 설명을 충분히 듣고 이에 서명한 다음 가입하여야 한다.

FP와 상담

적립식펀드에 가입하고자 판매회사를 방문할 경우 형식적인 절차를 거치기 전에 반드시 담당 재무설계사(financial planner: FP)와 충분히 상담하는 것이 좋다. 이때 상담할 주된 내용에는 다음과 같은 것이 있다.

펀드내용의 재확인

 판매회사에 가기 전에 미리 가입할 펀드의 내용을 알고 갔다고 하더라도 상담 시점에 상담직원에게 그 내용을 확인하는 것이 중요하다. 특히 상담할 때 자신이 모르는 용어나 내용이 있으면 이를 물어서 그 내용을 충분히 확인하는 것이 좋다. 투자자는 이 분야의 전문가가 아니므로 구체적인 내용이나 의미를 모르는 것이 전혀 이상하지 않다. 묻는 것을 어려워하지 말아야 한다. 묻고 대답하는 과정에서 미처 예상하지 못한 사실을 깨달을 수 있기 때문이다.

투자기간, 목표수익률 등 확인

 상담할 때 반드시 확인하여야 할 점은 투자기간, 투자금액, 환매제한기간, 목표수익률 그리고 신탁보수에 관한 사항이다. 투자기간은 자신의 자금계획에 따라 충분히 여유를 두고 결정하여야 한다. 투자금액은 자신의 생활에 지장이 없는 범위 안에서 하여야 한다. 환매제한기간은 자신의 필요에 따라 환매할 경우에 반드시 알아야 하는 기간이다. 환매제한기간 여부에 따라 수익률이 현저히 달라지기 때문이다.

 목표수익률은 어디까지나 목표수익률이지 실현을 보장하는 실현수익률이 아니라는 것을 알아야 한다. 마지막으로 펀드에 가입한 뒤에는 투자신탁설명서나 신탁약관 등 관련 자료를 반드시 보관하는 것이 좋다. 나중에 어떠한 법적인 문제가 생길지 모르므로 미리 대비하는 것이 현명하다.

기준가격 적용시점

 펀드를 매입하기 위하여 입금하더라도 펀드의 유형에 따라 펀드가 매입되는 기준가격의 적용시점이 다르다. 주식형, 혼합형, 채권형은 입금일의 기준가격이 아닌 그 다음날의 기준가격으로 매입좌수가 결정된다. 그러나 MMF는 당일의 기준가격이 그대로 적용된다. 매입시점의 기준가격 적용 날짜는 환매시점 기준가격 적용 날짜와 함께 환매제한기간 산정에 매우 중요하므로 반드시 알아야 한다. 환매시점 기준가격 적용 날짜는 뒤에서 설명한다.

> **TIP**
> FP(Financial Planner)란 금융기관이 고객에 대한 종합적인 자산운용전략을 수립하여 고객의 상담에 응하거나 고객에게서 투자를 일임받아 고객별로 투자자산을 운용하고 관리하는 업무를 수행하는 자를 말하며, 재무설계사라고 한다.

2 적립식펀드 환매

펀드환매

먼저 환매라는 용어의 의미부터 정확히 알아야 한다. 환매(還買: repurchase)는 판매회사가 팔았던 펀드를 다시 사들인다는 의미이다. 투자자로서는 돈이 필요해서 판매회사를 통해서 매입했던 펀드의 일부를 되팔아 현금을 찾는 행위이다.

이 내용은 펀드통장에서 '출금란'에 기재된다. 직접 방문하기 불편하면 판매회사에 가서 HTS나 인터넷으로 찾을 수 있도록 신청한 뒤 계좌이체하면 된다.

환매수수료 부과 여부

펀드 가입시점부터 가장 먼저 확인해야 할 사항이 환매수수료가 부과되는 '환매제한기간'이다. 그러나 날짜 계산 착오로 환매수수료를 물게 되는 경우도 있으므로 환매제한기간이 언제까지인지 그 날짜를 미리 확인하여 통장에 기재하여 두는 지혜가 필요하다.

일반적으로 '환매제한기간이 90일 미만인 경우, 70%의 환매수수료를 부과한다'로 되어 있다. 이 경우 90일이라는 의미는 입금일에서부터 출금일까지의 기간이 아니라 기준가 적용기일을 기준으로 계산한다.

증권투자신탁표준약관에 따르면 환매일자 계산은 기준가격의 적용일이 기준이 된다. ① 채권형펀드는 환매 신청일 2일 후(D+2)의 기준가를 적용하여 계산한 뒤 그날 돈을 지급한다. ② 주식형펀드는 환매 신청일 2일 후(D+2)의 기준가를 적용하여 그 다음날(D+3) 돈을 지급한다. ③ MMF는 환매신청 당일 기준가를 적용하여 즉시 지급한다.

예를 들면 주식형의 경우 9월 1일에 환매신청을 하였다면 9월 3일의 기준가격으로 계산하여 9월 4일에 돈을 지급한다. 채권형의 경우에는 9월 1일에 신청하면 9월 3일의 기준가격으로 계산하여 9월 3일에 돈을 지급한다. MMF의 경우에는 청구 당일의 기준가격으로 계산하여 그날 지급한다. 따라서 환매를 신청할 때는 이를 정확히 확인하여야 한다.

환매수수료는 수익증권을 환매제한기간 이내에 중도 환매하는 경우 신탁약관에 정한 조건에 따라 투자자에게 징수하는 수수료로, 반드시 펀드자산에 편입되도록 되어 있어 펀드를 보유하고 있는 잔여 투자자의 수익이 된다.

환매수수료 부과의 구체적인 내용은 약관에 기재되어 있으나, 일반적으로 추가형인 경우 90일, 단위형인 경우 180일 미만이면 이익금액의 70%를 부담하게 되어 있다. 따라서 펀드투자시 자금의 운용기간을 감안하여 펀드의 종류를 결정하여야 한다.

환매대금 = 환매좌수 × 환매기준가격
지급액 = 환매대금 + 환매수수료 − 세금

- 환매일자의 계산은 기준가격 적용일을 기준으로 한다.
- 주식형펀드의 환매금액은 신청 2일 뒤의 기준가격으로 계산하여 3일 뒤 지급한다.
- 환매제한기간 계산시 펀드가입일은 입금일이 아니라 기준가격이 적용되는 그 다음날이 되며, 환매일은 환매신청일이 아니라 기준가격이 적용되는 2일 후가 된다.

3 펀드수익에 대한 세금

은행에 예금하면 전체 이자금액을 과세표준으로 삼아 일정률(15.4%)의 세금을 납부하게 된다. 그러나 펀드투자에서는 기준가격이 상승하여 얻은 이익 전체를 과세표준으로 하지 않는다. 즉 예금과 펀드는 세금을 부과하는 대상이 다르다고 할 수 있다. 또한 동일한 수익률이 난 펀드라도 운용내용에 따라 세금이 달라질 수 있다. 여기서는 그 내용을 구체적으로 알아본다.

펀드운용으로 얻은 이익에는 자산운용으로 얻은 매매차익과 이자소득(채권투자) 또는 배당소득(주식투자) 등이 있다. 이 이익금 중에서 운용으로 얻은 매매차익은 세금 과세대상에서 제외되고, 수입배당금이나 이자소득에 대해서만 일정률(15.4%)의 세금이 부과된다.

따라서 펀드투자의 소득에서 매매차익을 제외한 부분인 배당금이나 이자소득을 별도로 계산하여 과세산출의 근거로 삼는다. 그러나 일반투자자로서는 그 내용을 알 수 없기 때문에 이를 계산하기가 쉬운 일이 아니다.

일반투자자로서는 펀드투자의 수익금은 환매시점에 받는 환매대금에서 펀드 가입시점에 입금한 매입금액의 차이가 된다. 그러나 세법에서는 직접투자의 경우 매매차익에 대하여는 과세하지 않는 것과 형평을 맞추어, 펀드운용 수익금 중에서 운용하는 유가증권의 매매(평가)손익에 대해서는 과세하지 않는다.

따라서 매매기준가격과는 별도로 전체 신탁재산에서 자본소득(매매차익)을 차감한 가격으로 산정하는 기준가격을 과표기준가격이라 한다.

그런데 매매기준가격과 과표기준가격이 차이가 클 경우 문제가 된다. 배당소득이나 이자소득은 많은데 매매차익에서 큰 손실이 나서 전체적으로 펀드에 손실이 발생한 경우에는 투자자가 느끼는 조세감정으로는 세금을 납부하지 않아도 될 것 같으나, 이 경우에도 매입시점과 환매시점의 과표기준가격의 차이에 따라 세금이 부과된다.

매매기준가격과 과표기준가격의 관계는 비과세대상인 주식 등의 매매(평가)차익이 클수록 과세대상 이익금액에 대하여 과세하는 경우보다 유리하다.

주식 등의 매매 및 평가손실이 큰 경우 실현이익보다 과표이익이 크기 때문에 세금을 많이 부담하게 된다. 심지어 채권형수익증권의 경우에도 환매시에 찾는 금액이 투자원금을 밑돌아도 세금이 부과된다.

- 매매기준가격 = 펀드 순자산총액 ÷ 수익증권 총좌수
- 과표기준가격 = (펀드 순자산총액 - 유가증권매매이익) / 수익증권 총좌수
- 과표대상소득 = 좌수 × (환매시 과표기준가격 - 입금시 과표기준가격)

4 펀드수익률 계산 방법

　적립식펀드에 가입한 뒤 일정 기간이 경과하면 자신이 가입한 펀드의 자산가치가 어느 정도 되는지 궁금하다. 일반 펀드통장에는 보유좌수와 기준가격만 기록되어 있다.
　따라서 펀드의 자산가치를 구하려면 보유좌수와 기준가격을 곱하면 된다. 이 경우 자산가치와 투자금액을 비교하여 보면 그동안의 투자수익률을 알 수 있다.
　D투신운용(주)의 주식형펀드에 2003년 12월에 가입하여 매월 말일에 10만 원씩 적립식으로 투자한다고 가정하면, 실제 펀드를 매입하는 날짜는 다음달 첫 영업일이다.

　1년을 만기로 가정했을 때, 이 상품의 1년 후 평가금액은 1,246,034

적립식펀드 투자수익률 산출사례 ②

입금일자	매입기준가격	매입좌수	잔고좌수	평가금액
2003. 12. 30	1,000.00	100,000	100,000	100,000
2003. 1. 30	1,002.00	99,800	199,800	200,200
2003. 2. 27	1,004.00	99,602	299,402	300,600
2003. 3. 31	1,019.55	98,082	397,484	405,255
2003. 4. 30	1,008.11	99,196	496,680	500,708
2003. 5. 31	961.50	104,004	600,684	577,558
2003. 6. 30	949.25	105,346	706,030	670,199
2003. 7. 30	913.22	109,503	815,538	744,761
2003. 8. 31	958.71	104,307	919,845	881,865
2003. 9. 30	980.04	102,037	1,021,882	1,001,485
2003. 10. 29	989.30	101,082	1,122,964	1,110,948
2004. 11. 30	1,009.68	99,041	1,222,005	1,233,834
(결산일)	1,010.96		1,222,005	1,235,398
2005. 1. 2	1,008.61	(13,393)	1,235,398	1,246,034

원으로 정액적립식 일반상품을 기준으로 역으로 계산한다면 연 7.08%의 수익률을 나타낸다.

정액적립식 n개월째의 수익률을 구하고자 한다면 계산식은 다음과 같다.

n월째 연간 수익률
= [n번째 평가금액 − (월 적립금액 × n)] / [(월 적립금액) × 1/12 × $n(n+1)/2$] × 100

이 식에 대입하여 수익률을 계산해보면,
= [1,246,034−(100,000×12)] / [(100,000)×1/12×12(12+1)/2]
　×100=7.08(%)

적립식 상품의 실제수익률은 이처럼 실제 불입한 개월수 n을 넣어야 다른 적립식 상품과 비교가 가능하며, 결국 동일한 펀드에 가입하였다 하더라도 불입하는 날짜가 다르면 수익률은 다르게 나타난다. 앞의 표를 보면 적립식펀드의 특징을 다음과 같이 생각할 수 있다.

① 적립식펀드의 장점은 주가의 변동이 심한 시기에 매입단가를 평준화할 수 있다는 것이다. 만약 적립식이 아니고 거치식으로 전액 입금했다면 주식이 많이 하락했던 8월 초의 평가금액은 8.68% 손해를 보았을 것이다. 또한 12개월 뒤로 계산했을 때에도 1.1% 상승하여 적립식투자보다 6% 이상 낮게 평가되어 있다.
② 적립식펀드는 매월 일정 금액을 입금하므로 기준가격이 높을 때는 상대적으로 적은 좌수를 매입하여 주식이 하락하여도 그만큼 손해보는 금액이 작고, 기준가격이 낮을 때는 좀더 많은 좌수를 매입할 수 있어 상승하면 그만큼 이득을 볼 수 있는 금액이 크다는 원리이다.
물론 1년 동안 계속 상승만 했다면(앞의 경우 8월) 목돈을 일시 예치하였을 경우 더 많은 수익을 보았겠지만 단기적으로는 시장의 변동이 예상되면서도 장기적으로 기준가격이 상승할 것으로 예상된다

면 적절한 분산투자가 가능한 적립식펀드에 투자하는 것이 매우 효과적이다.

③ 펀드를 해지할 때, 만기가 되면 대부분의 펀드는 계속 운용되기 때문에 시장이 상승추세에 있으면 일부러 환매할 필요 없이 상승 수익을 얻는 것이 유리하다.

이미 만기가 되어 추가로 입금은 못하더라도 환매수수료 등의 제약이 없어진 뒤이기 때문에 시장상황을 보고 해지를 미루어도 되며, 언제라도 환매할 수 있다. 단, 모든 펀드를 해지할 경우에는 해지신청 당일 환매대금을 받을 수 없고 보통 영업일수로 4일이 걸리며, 해지 신청일 다음날의 주식시장까지 반영된다는 것을 알아야 한다.

분배율을 감안한다

펀드의 수익률을 계산할 때 반드시 감안하여야 할 중요한 사항이 있다. 펀드운용의 경우 일반적으로 연말결산을 할 때 1년 동안 운용수익률을 고객에게 반환하게 된다.

따라서 연말 현재 1,000원을 초과하는 부분을 고객에게 반환하고 연초에 새롭게 1,000원으로 시작하게 된다. 이때 반환되는 수익금의 비율을 분배율이라고 한다.

이 경우 반환되는 분배금은 펀드의 좌수로 계산하여 고객의 계좌 내 기존 보유좌수에 추가된다. 그 이유는 분배율에 따른 수익금을 기존 펀드에 재투자하는 형식을 취하기 때문이다. 따라서 분배율만큼 보유좌수가 증가되기 때문에 보유자산의 현재가치를 계산할 때에는 최초 매입좌수가 아닌 통장의 보유좌수에 그 시점의 기준가격을 곱해주면 된다.

　예를 들면 연말 결산일에 보유좌수 1,000,000좌 기준가격이 1,500원이 되었다면 신년에는 1월 1일에 기준가격이 다시 1,000원으로 환원되고 보유좌수는 기존보유좌수에 50%가 추가된 1,500,000좌가 된다.

5 펀드통장 읽는 법

증권회사나 은행 등을 방문하여 펀드에 가입하면 은행예금과 마찬가지로 통장을 받게 된다. 그러나 통장에 기재된 펀드통장 내역을 보는 방법을 몰라서 당황하는 경우가 있다.

여기서는 펀드통장을 읽는 기본적인 방법을 알아본다. 펀드통장에 기재되는 항목에는 펀드명, 운용회사명, 계좌명, 입금금액, 매수좌수, 매도좌수, 매매기준가(과표기준가) 등이 있다.

펀드투자를 한다는 말은 수익증권을 매수하거나 증권투자회사의 주식을 산다는 말과 같다. 투자자가 펀드투자를 위해 판매회사(증권회사, 은행, 보험회사)를 방문하여 돈을 입금하면 투자자는 수익증권을 발급받게 된다.

그러나 투자자가 수익증권을 직접 받는 것이 아니고 실제로는 수익증권의 수량과 매매기준가격이 표시된 통장을 발급받게 된다. 그리고 발급받은 수익증권은 유가증권이므로 판매회사를 통해 자유롭게 판매할 수 있다.

좌수와 평가금액

주식의 수량을 표시할 때 '주(株)'라는 단위를 사용하는 것과 마찬가지로, 수익증권의 수량을 표시할 때는 '좌(座)'를 단위로 사용한다. 또한 펀드의 최초 발매시점의 기준가격은 1,000좌당 1,000원이 된다.

그리고 운용 중인 수익증권을 사고팔 때 기준이 되는 가격은 보통 1,000좌를 기준으로 하여 표시하는데, 이것을 매매기준가격이라 하며, 이것은 투자자산의 가치를 표시하는 기준이 된다. 또한 투자자의 계좌에 남아 있는 투자자금의 현재가치를 펀드의 평가금액이라 하는데, 이 평가금액은 '보유좌수×매매기준가격/1,000'이 된다.

그러나 뮤추얼펀드는 증권시장에 상장된 증권투자회사의 주식을 사는 것이므로 증권시장을 통하여 시장가격으로 거래할 수 있다. 그리고 주식을 보유하고 있는 투자자는 펀드운용의 수익금을 주식의 배당금이라는 형태로 지급받게 된다.

매매기준가격

매매기준가격은 수익증권을 사고팔 때 기준이 되는 가격이다. 이 기준가격은 운용자산의 매일매일 시장가격에 따라 결정되는데, 그날의 운용자산의 시가총액의 총계를 수익증권 발행좌수로 나눈 것을 익일의 기준가격으로 결정한다. 따라서 펀드를 처음 설정한 날의 기준가격은 아직 운용을 시작하지 않았으므로 1,000좌당 1,000원이 된다. 그리고 그 다음날부터 운용자산의 가격변동에 따라 기준가격은 매일매일 변동하게 된다.

따라서 기준가격이 오른다는 것은 운용 중인 펀드에서 수익이 발생하였다는 말이며, 기준가격이 내린다는 것은 펀드운용에서 손실이 발생하였다는 말이다. 그리고 신규로 투자하는 투자자는 그날의 기준가격으로 펀드를 매입하게 된다.

펀드투자에서 매매기준가격의 의미는 신규투자자에게는 자신의 투자금액으로 수익증권을 몇 좌 살 수 있는지 알려주지만, 수익증권을 보유하고 있는 투자자에게는 현재 어느 정도의 투자수익이 발생하였는지 알려주는 기준이 된다.

예를 들면 어떤 투자자가 투자금액 1천만 원으로 매매기준가격 1,000원인 펀드를 매입하면 1,000만 좌 구입하게 된다. 그러나 한 달 뒤 매매기준가격이 1,050원으로 되었다면 투자자에게 5%의 수익이 발생하였으며 그 평가금액은 1,050만 원이 된다. 이때 새로 펀드에 가입하는 투자자는 1천만 원으로 9,523,809좌를 매입하게 된다.

그러나 연말결산을 하여 분배율에 따라 수익금액을 분배하면 분배율만큼 보유좌수는 증가한다. 따라서 수익증권 통장을 볼 때 입금금액보다 보유좌수를 보는 습관을 길러야 한다.

자신이 보유한 수익증권 좌수에 그날의 기준가격을 곱하면 자기 재산상태를 알 수 있다. 그리고 이 기준가격은 매일 변동하므로 투자수익 변동 여부는 그날의 기준가격으로 쉽게 계산할 수 있다.

수익증권 통장에는 매수좌수, 매도좌수, 잔고좌수라는 용어가 있다. 매수좌수는 입금한 금액으로 매수한 좌수이며, 매도좌수는 현금을 찾거나 펀드를 해지하여 판 좌수를 말한다. 그리고 잔고좌수는 매수한 좌수에서 매도한 좌수를 뺀 좌수로, 현재 보유하고 있는 좌수를 말한다.

그래서 투자자의 현재 자산상태인 평가금액은 잔고좌수 기준가격/1,000원으로 계산할 수 있다. 그러나 환매시 실제 수령금액은 이 금액에서 세금을 제외한 것이다.

이 경우 한 가지 유의할 점은 펀드를 매입하기 위해 오늘 입금하면 오늘의 기준가격으로 매입하는 것이 아니라 다음날의 기준가격이 적용되어 매입좌수가 결정된다는 사실이다.

- 보유펀드 평가금액=(보유수익증권좌수×매매기준가격)/1,000
- 입금시 좌수=(입금액/입금시 기준가격)×1,000
- 출금시 금액=(잔고좌수 출금시 기준가격)÷1,000

과표기준가격

과표기준가격은 운용펀드에서 발생하는 소득에 대하여 세금을 부과할 때 기준이 되는 가격이다. 은행예금의 경우 이자금액 전체가 과세대상이 되지만, 펀드의 경우 매매차익은 비과세대상이며 채권에서 나오는 이자나 주식에서 나오는 배당금만이 과세대상이 된다.

투자자로서는 펀드투자에서 발생하는 수익금은 펀드의 매도대금과 매수금액의 차액이지만, 세법에서는 직접투자의 경우 매매차익에 대하여 과세하지 않는 것과 형평을 맞추어 펀드운용 수익금 중에서 운용하는 유가증권의 매매차익에 대해서는 비과세한다.

따라서 과세의 표준이 되는 것은 보유기간 중 운용자산에서 발생한 자본소득(매매차익)은 제외되고, 이자소득과 배당소득만이 과세대상금액이 된다. 이때 자본손익을 차감한 매매차익을 산출하기 위하여 신탁재산에서 자본소득을 차감한 가격을 별도로 산정하는데, 이를 과표기준가격 또는 과세기준가격이라 한다.

따라서 주가하락 등으로 펀드투자 결과 투자자가 손해를 많이 보았다 해도 펀드재산에 배당금과 이자수익이 있으면 반드시 세금을 납부하여야 한다.

- 매매기준가격 = 펀드 순자산총액 ÷ 수익증권 총좌수
- 과표기준가격 = (펀드 순자산총액 − 유가증권매매이익) ÷ 수익증권 총좌수
- 과표대상소득 = 좌수 × (환매시 과표기준가격 − 입금시 과표기준가격)

6 투자펀드 관리 요령

중도환매 가능

대다수의 투자자들은 적립식펀드가 과거 은행에 가입하던 재형저축과 비슷하다고 생각한다. 가입시점에 정한 만기가 3년이었다면 중도에는 수익률을 중간 점검할 필요가 없다고 생각하며 만기시점이 되어서야 돈을 찾으러 가면 된다고 생각한다.

그런데 펀드는 환매제한기간(보통 3개월)이 지나면 언제든지 환매할 수 있고 매달 불입액을 조절하면서 수익률을 조절할 수 있다. 따라서 적극적인 펀드관리가 가능하다면 적절한 수익률이 되었을 때 중도환매할 수 있다는 점을 알아야 한다.

보유좌수 계산에 분배율도 포함한다

　펀드수익률을 계산할 때는 반드시 분배율을 고려해야 한다. 분배율은 펀드가 거둔 수익을 연간 결산할 때 기준가격을 초기 기준가격으로 맞추기 위해 수익금을 투자자에게 다시 분배하는 비율이다. 따라서 분배율로 기준가격은 조정되지만 전체 평가금액이 변함없는 것은 그동안의 수익만큼 투자자에게 좌수로 분배하기 때문이다.

　예를 들어 1,000좌당 기준가격이 1,000원인 펀드에 1,000,000원을 투자하여 1년 동안 운용한 결과, 1년 뒤 결산 기준가가 1,120원이라면 현재 평가금액은 1,120,000원이 된다. 그러나 결산을 통해 기준가격을 1,000원으로 조정하게 되면, 투자자의 보유좌수는 1,120,000좌로 조정된다. 즉 결산을 통해 120,000좌를 주식투자 배당금으로 받은 것과 같은 개념이다.

장기주택마련저축과 연금저축도 적립식펀드로!

　투자자들이 가장 많이 가입하는 금융상품인 장기주택마련저축과 개인연금펀드에 대하여 생각해보자. 두 상품 모두 소득공제가 되는 상품으로 대다수 은행에서 많이 취급하며, 기본적으로 매달 일정 금액을 7년 동안 불입해야 한다. 연금저축은 만 55세 이후에 지급받는 만큼 이들 상품을 적립식펀드로 전환한다면 그 혜택을 볼 수 있다.

장기성 상품은 적립식으로!

적립식펀드는 상품의 특성상 주가변동이 심해도 장기간 투자할수록 수익률이 좋아지는 성향이 있다. 별도의 적립식펀드에 가입할 필요 없이 장기주택마련저축을 이용하면 펀드의 운용수익률 외에 소득공제 혜택도 받을 수 있다. 장기주택마련저축에 가입하면 연간 불입액의 40% 이내 최대 300만 원까지 소득공제를 받을 수 있다.

작년에 소득공제를 위해 장기주택마련저축펀드에 가입한 투자자는 은행금리인 4%의 2~3배 이상의 수익도 챙기고 소득공제 혜택도 받았을 것이다. 장기주택마련저축은 7년 이상 장기로 넣어야 하는 만큼 주식형 적립식펀드로 하는 것이 유리한 상품이다.

연금저축은 적립식펀드로!

연금저축펀드는 가입기간이 10년 이상이며, 만 55세 이후 5년 이상이 되면 연단위로 연금을 받을 수 있다. 장기간 불입해야 하므로 적립식 주식형펀드로 가입해 둔다면 매입가격 평준화효과로 좀더 높은 수익을 기대할 수 있다. 또한 소득공제 혜택과 세제혜택도 받을 수 있다. 소득세 5%, 주민세 0.5%로 5.5%의 우대세율도 적용된다.

소득공제도 연간 불입금액의 100%로 최고 240만 원까지 공제혜택을 받을 수 있다. 연말에 소득공제하기 위해 가입하여 한꺼번에 240만 원을 납부한다면 불입액을 모두 공제받을 수 있다. 특히 노후 생활에 대비한다면 단순히 은행을 이용하기보다는 적립식 주식형펀드로 가입하여 세제혜택과 고수익으로 노후를 보장받는 것이 현명한 재테크 방법이다.

  장기주택마련저축은 모든 증권사에서 판매하지만, 연금저축은 판매하는 곳이 많지 않으므로 판매회사를 미리 알아본 뒤 가입하는 것이 좋다. 현재 증권회사에서 판매하는 연금펀드에도 주식형, 혼합형, 채권형 등이 있는데, 개인연금펀드는 주식형보다는 주식혼합형 펀드가 안정성이 있으며 최근 가입분도 연 10% 이상 높은 수익률을 보이고 있다.

6장

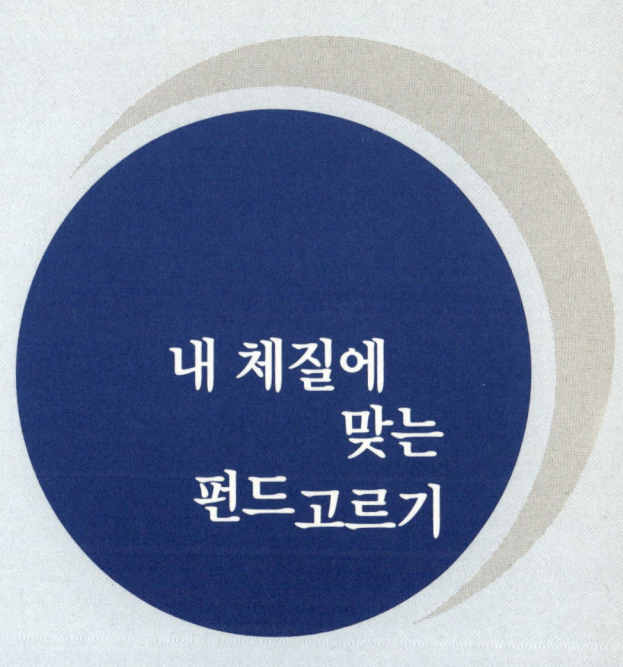

내 체질에
맞는
펀드고르기

1 펀드투자를 위한 기본전략

2005년은 문자 그대로 펀드투자의 해였다. 유가증권시장의 대표지수인 코스피지수가 사상 최고치인 1,379포인트로 마감됨에 따라 누적수익률이 100%를 넘어서는 주식형펀드도 나타났다. 그리고 과거 대형주 위주의 주식형펀드뿐만 아니라 코스닥펀드, 배당주펀드, 해외펀드 나아가 부동산펀드, 선박펀드까지 상품의 종류도 다양해졌다. 2006년도 2005년에 이어 이러한 펀드 열풍은 계속 이어질 것인가? 2006년에 유망한 유형별 투자전략을 검토해보자.

리스크 관리를 의식하고 이에 대비하라

2006년에는 2005년과 같은 높은 수익률보다는 적절한 위험관리

차원에서 접근하는 자세가 필요하다. 2005년은 지수상승률(896P→1,379P : 54%)이 너무 컸기 때문에 이에 대한 조정장세의 가능성에 조심스럽게 대비할 수 있어야 한다. 따라서 예상되는 투자위험을 인식하고 이에 합리적으로 대응하는 투자자세가 필요하다. 경우에 따라서는 선물 등을 이용한 헤지기법도 활용할 수 있어야 한다.

시장상황에 따라 투자 스타일을 바꾸라

2005년에는 전체 종목이 상승한 해였다면 2006년은 시장상황에 따라 투자스타일을 달리해야 할 시기라 할 수 있다. 현재 주식형펀드의 유형은 크게 배당주형, 중소형가치주형, 인덱스형 등으로 나누어 볼 수 있다.

배당주펀드는 상대적으로 안정적인 수익에 목표를 두고 있다. 따라서 투자위험이 상대적으로 낮기 때문에 주가가 조정을 받는 시점에는 강한 방어력을 보일 수 있다.

가치주펀드는 배당주펀드보다는 높은 기대수익을 추구하는 대신 이에 따른 위험도 상대적으로 높다. 그러나 주식시장이 대형주 위주로 상승세가 지속될 가능성이 있다면 대형주 위주의 인덱스펀드에 대한 투자도 고려할 만하다. 시장상황을 정확하게 예측할 수 없다면 스타일이 다른 펀드에 분산투자하되 향후 시장전망에 따라 투자비중을 조절하는 전략을 취해야 한다.

해외투자펀드 투자를 생각하라

국내 펀드시장이 지나치게 확대되면 2006년에는 성장성이 높고 다양한 해외시장으로 분산투자를 생각해볼 수 있다. 그러나 달러 약세가 예상되는 시점에 달러가 기축통화인 펀드는 피하는 것이 좋다.

2

인덱스펀드 (주가지수 수익률을 따라가고자 할 때)

　2006년에도 대세 상승장은 어느 정도 지속될 것으로 전망하지만, 코스피가 1,380선을 넘은 상황에서 2005년 같은 높은 수익률을 기대하기는 어렵다. 따라서 이제는 직접투자해 50~100%의 고수익을 기대하는 '대박 환상'은 버려야 한다. 시장을 대표하는 우량주 위주의 펀드를 선택한 뒤에는 크게 조정받을 때 매입하는 지혜를 발휘하여야 한다.

　따라서 2006년에는 코스피 수준의 수익률을 유지할 수 있는 펀드가 무난할 것으로 보이며, 시황이 예상을 벗어났을 경우 최대한 손실을 줄이고 다음 기회에 대비하는 전략을 세우는 것이 필요하다. 이를 실현할 수 있는 수단으로 상장지수펀드와 인덱스펀드에 대한 투자가 가장 무난할 것으로 예상한다.

상장지수펀드

상장지수펀드(Exchange Traded Funds: ETF)는 유가증권시장의 수익률을 추구하는 인덱스펀드를 주식처럼 실시간으로 시장에서 매매할 수 있도록 만든 펀드이다. 즉 인덱스펀드와 동일하게 코스피200지수와 같은 수익률을 낼 수 있도록 상품을 만들어 유가증권시장에 상장하였으므로, 주식과 마찬가지로 실시간매매가 자유로워 환금성이 매우 높고 별도의 신탁보수를 지불할 필요도 없다.

일반적으로 코스피와 동일한 수익률을 얻으려면, 인덱스펀드에 가입하거나 주가지수 선물에 투자하여야 한다. 그러나 ETF 제도의 도입으로 소액 자금으로 코스피 수익률의 복제가 가능하게 되어 개인투자자에게 유용한 투자수단이 되고 있다.

ETF의 특징으로는 첫째, 인덱스펀드를 상장시켜 주식처럼 거래할 수 있으므로 펀드와 주식의 특징을 동시에 갖추고 있는 셈이다. 둘째, 소액 자금으로 지수상승률을 따라잡을 수 있는 장점이 있어 개인투자자에게는 유용한 투자수단이 되고 있다. 셋째, 가입한도에 제한이 없이 자유롭게 매매가 가능하며, 중도환매라는 절차 없이 즉시 수익을 실현할 수 있다. 넷째, 시장이 비관적일 때도 공매도를 하여 수익을 실현할 수 있다. 마지막으로 이를 적립식으로 일정 간격을 두고 지속적으로 매수하면 적립식펀드의 효과를 얻을 수 있다.

ETF와 주가지수 선물의 차이점은 코스피200지수를 기본으로 거래한다는 점에서 지수선물에 투자하는 것과 비슷하지만, 선물과 달리

만기가 없다. 또 선물의 경우 매일매일 손익을 정산하여 증거금의 부족분이 발생하면 추가증거금을 납부하여야 하지만, ETF는 별도의 정산절차가 필요 없다.

거래단위도 선물과는 달리 소액으로 거래가 가능하기 때문에 개인투자자도 손쉽게 이용할 수 있다. 또한 주가지수를 거래한다는 점에서 선물과 비슷하지만 선물에 비하여 투자위험이 낮고 장기투자도 가능하다. 그러나 선물대비 단점은 레버리지 효과가 낮고, 선물처럼 초단기 매매하기는 어렵다는 것이다.

인덱스펀드

인덱스펀드(index fund)는 펀드의 수익률과 위험이 증권시장 수익률과 일치하도록 포트폴리오를 구성한 펀드이다. 인덱스펀드는 과거 기관투자자들이 주식형펀드의 운용성과가 시장수익률에 미치지 못하는 경우가 비일비재하였기 때문에 시장수익률과 일치하는 수익률을 목표로 포트폴리오를 구성한 펀드이다. 2005년 한해 인덱스펀드의 수익률도 50% 수준으로 코스피 상승률과 거의 동일한 수준이 유지되어 일반 주식형펀드에 비해 떨어지지 않는 수익률을 올렸다.

인덱스펀드는 종합주가지수 산정방법과 유사하게 시가총액 상위 20~30종목을 선정하여 전체 시장에 대한 개별주식의 시가총액 비율과 동일하게 자금을 분배하여 포트폴리오를 구성하면 된다.

이러한 인덱스펀드가 유리한 이유는 첫째, 인덱스펀드는 포트폴

ETF와 인덱스펀드의 비교

구분	ETF	인덱스 펀드
장중매매	장중 시황을 보고 시장가격에 매매와 이익실현 가능	자신의 매매가격을 모르는 상태에서 의사결정을 함
환 매	현재 시장가격으로 매매되므로 자신의 환매가격이 즉시 결정됨	환매 신청 익일종가가 계산된 다음날의 기준가격으로 결정됨
공 매	공매도 또는 대주에 따른 매도 가능	공매도 또는 대주에 따른 매도 불가능
보 수	ETF는 운용보수만 부담 매매시 매매수수료 부담	뮤추얼펀드 보수는 높음
거래비용	ETF는 현물로 설정, 헤지하므로 매매수수료 부담이 없음	설정, 헤지에 따른 거래비용을 다른 투자자가 부담
시장충격비용	시장에서 형성되는 매매 호가간 시장충격비용 있음	의사결정과 실행의 불일치로 기회비용의 손실이 있음

리오 구성하기가 용이하며, 사후에는 별도의 투자전략이 필요하지 않기 때문에 운용에 대하여 지불해야 하는 신탁보수가 상대적으로 저렴하다. 적립식펀드는 최하 3~5년의 운용기간이 소요되므로 매년 지급하는 신탁보수가 수익률에 매우 큰 영향을 미친다.

  둘째, 인덱스펀드는 코스피지수와 코스피200 선물지수와 괴리가 발생할 경우 차익매매를 이용하여 별도의 안정된 수익률을 얻을 수 있다. 셋째, 만일 대세 하락기 전환으로 코스피지수가 계속 하락할 경우 코스피 200선물을 이용하여 헤지하면 하락분에 대한 손실을 만회할 수 있다.

3 리버스 인덱스펀드 (주가 조정기에 수익을 얻고자 할 때)

주식시장이 연일 고점을 갱신함에 따라 새롭게 투자하기에 상당히 부담을 느끼는 투자자들이 많아지고 있다. 또한 금리상승, 유가상승, 원화절상 분위기가 지속된다면 향후 증권시장의 전망에 대해 불안감을 느끼지 않을 수 없는 게 사실이다.

만일 증권시장이 조정기에 진입하여 지수가 하락한다면 주식형펀드의 수익은 기대하기 어려울 것이다. 그렇다면 펀드투자에서 완전히 손을 떼야 할까? 증권시장의 주가지수와는 반대로 주가 조정기에 수익을 얻을 수 있는 펀드가 바로 리버스 인덱스펀드(reverse index fund)이다.

리버스 인덱스펀드는 지수수익률과 역행한다

리버스 인덱스펀드는 인덱스펀드와는 반대의 성질을 가진 펀드로, 지수가 상승하면 오히려 상승분 정도의 손실이 발생하고 반대로 지수가 하락하여야 수익이 발생하는 펀드이다. 즉 리버스 인덱스펀드는 말 그대로 인덱스펀드의 방향과 역행하는 펀드로서 장기적으로 주가가 하락할 것으로 예상될 때 수익이 나는 펀드이다.

이 펀드의 운용구조는 운용자금의 일부(15%)로 선물 매도포지션을 취하고 나머지는 채권에 투자하면 주가지수에 정반대되는 수익률이 발생하고 채권수익률 정도의 수익률이 펀드수익률에 추가될 수 있다.

지수연계펀드(지수가 일정 범위 내에서 조정)

지수가 일정 범위 내에서 정체될 것으로 예상하는 경우에는 차라리 목표수익률을 낮추고 양방향 지수연계펀드에 가입하는 것이 낫다. 양방향 지수연계펀드는 시장의 방향성에 투자하는 것이 아니라, 지수대가 일정한 범위(예 : ±10%) 이내에서 등락할 것으로 예상될 때 적합한 상품이다.

이 펀드는 기대수익률이 은행금리 이상은 된다. 또한 원금보전도 가능해서 안정적인 투자를 원하는 사람들에게 적합하다. 그러나 시장이 일정 구간을 벗어나서 너무 많이 상승하거나 너무 많이 하락하면 수익은 거의 없어지게 된다.

이 펀드의 운용구조는 운용자금의 95% 수준을 채권에 투자하여 원금을 보존하고 일정 금리를 얻으며, 나머지 5% 수준의 자금으로 콜옵션과 풋옵션을 동시에 매도하는 포지션, 즉 스트레들 매도포지션을 취하면 구성이 가능한 펀드이다.

리버스 인덱스펀드나 양방향 지수연계형펀드 모두 시장이 조정기에 있을 때 수익을 낼 수 있는 상품이다. 그러나 시장이 예상과 다르면 리버스 인덱스펀드는 손실이 발생할 수 있고, 양방향 지수연계형펀드는 수익이 전혀 없을 수도 있다는 점을 염두에 두어야 한다. 시장이 하락한다고 해서 아무것도 하지 않는 사람보다는 시장 조정기를 이용해 수익을 내고자 하는 사람이 진정한 투자자일 것이다.

지금까지의 지수연계펀드는 코스피200 등 거래소에서 발표하는 대표지수에 연계된 상품이 전부였으나, 최근 해외주가지수나 증권사에서 개발한 우량주지수에 연계된 펀드들이 판매되고 있다.

4 해외펀드 (성장성이 높은 해외시장을 겨냥할 때)

해외펀드의 필요성

국내 증권시장이 1년 동안 50% 이상의 상승률을 기록하자 이에 불안을 느낀 투자자들이 안전하면서도 수익률이 높은 시장을 찾아서 해외펀드로 눈길을 돌리는 것은 당연하다.

그러나 아직 익숙하지 않기 때문에 해외펀드에 불안감을 느껴 망설이는 투자자가 많은 것이 사실이다. 해외펀드는 국내의 투자자들에게 자금을 모아 성장성이 높은 해외의 유가증권 등에 투자하는 펀드이다.

해외펀드의 장점으로는 첫째, 해외에서 성장성이 높은 자산에 투자하므로 좀더 높은 수익을 얻을 수 있다. 둘째, 국가별 포트폴리오를 구성하되 다양한 자산에 분산투자하므로 투자위험을 줄일 수 있다. 셋째, 투자지역과 대상을 달리하여 현지통화를 기준으로 설정된 펀드에 투자하면 환율위험이 상호 헤지되어 손실을 예방할 수 있다.

투자대상국 선정

한때 인기를 끌었던 브릭스(BRICs)펀드는 브라질, 러시아, 인도, 중국의 앞 글자를 따서 만든 펀드이다. 이 네 국가는 성장잠재력이 높아 이들 국가의 유가증권 등에 투자하면 좀더 높은 수익을 얻을 수 있기 때문에 미국의 투자은행 골드만삭스(Goldmann Sachs)가 이런 이름을 붙였다. 하지만 이들 국가의 경제가 고성장을 계속할 수는 없으므로 투자펀드가 항상 수익을 낼 수 있는 것은 아니다.

그러나 2006년에는 2005년에 비해서 경제 전망이 양호할 것으로 예상되는 일부 국가에 투자하는 해외펀드를 생각해볼 수 있다. 그중에서 유망 투자지역으로는 일본과 인도를 들 수 있다. 일본은 20여 년 동안의 장기침체에서 벗어나 경기가 완전한 회복세에 들어서면서 엔화강세에 따른 수익을 얻을 수 있으며, 인도는 2005년에 이어 2006년에도 지속적인 경제성장을 충분히 예측할 수 있기 때문이다.

해외펀드의 수익률 계산

해외펀드의 투자수익률은 현지에서의 펀드수익률과 양국간의 환차손익에 따라 결정된다. 해당국의 펀드에 투자하여 일정 비율의 수익률을 얻었다고 하더라도 우리나라의 원화가치가 올라가서 환율이 내리면 그만큼 수익률은 낮아지고, 원화가치가 내려가서 환율이 올라가면 그만큼 수익률이 더 높아진다.

> 해외펀드 실질 투자수익률
> =해외수익률+환차손익률+(해외수익률×환차손익률)

수익률 계산 사례

단순히 엔화베이스의 일본펀드에 투자하는 경우를 예를 들어 생각해보자. 원화 1억 원을 기준가격이 250엔인 일본펀드에 투자하고 1년 뒤에 기준가격이 300엔으로 올랐다. 그동안 환율이 ₩10/1￥에서 ₩9.5/1￥으로 변한 경우의 실질 투자수익률을 계산해보자.

① 위 공식에 따른 계산
- 실질수익률 = $(300/250 - 1) + (9.5/10 - 1) + (300/250 - 1) \times (9.5/10 - 1)$

  $= 20\% + (-5\%) + (-1\%)$

  $= 14\%$

② 이 과정을 다음 절차를 거쳐 계산해보자.

첫째, 원화 1억 원을 일본 엔화로 교환하면 1천만 엔이 된다.

　　1억 원/(₩10/1￥) = 1천만 엔

둘째, 기준가격이 250엔이므로 4만 좌를 매입할 수 있다.

1천만 엔 / 250엔＝4만 좌

셋째, 환매일 현재의 가치는 300엔으로 올랐으므로 1,200만 엔이 된다.

   4만 좌×300엔＝1,200만 엔

넷째, 이를 원화로 환산하면 1억 1,400만 원이 된다.

   1,200만 엔×(₩9.5/1￥)＝1억 1,400만 원

다섯째, 투자금액에 대한 실질수익률을 계산하면 14%가 된다.

   (1억 1,400만 원/1억 원−1)＝14%

③ 위의 내용을 간단히 계산하면 다음과 같다.

- 실질수익률＝평가액/투자액−1

   ＝[(300×9.5)/(250×10)−1]＝14%

이번에는 앞에서와 동일한 상황에서 환율은 반대로 ₩9.5/1￥에서 ₩10/1￥으로 변한 경우의 실질 투자수익률을 계산해보자.

① 위 공식에 따른 계산

- 실질수익률＝(300/250−1)＋(10/9.5−1)＋(300/250−1)

   ×(10/9.5−1)

   ＝20%＋(5.3%)＋(1.0%)

   ＝26.3%

② 이 과정을 다음 절차를 거쳐 계산해보자.

첫째, 원화 1억 원을 일본 엔화로 교환하면 1천만 엔이 된다.

　　　　1억 원/(₩9.5/1 ¥)=10,526,315엔

둘째, 기준가격이 250엔이므로 42,105좌를 매입할 수 있다.

　　　　1천만 엔/250엔=42,105좌

셋째, 환매일 현재의 가치는 300엔으로 올랐으므로 12,631,578엔이 된다.

　　　　42,105좌×300엔=12,631,578엔

넷째, 이를 원화로 환산하면 1억 2,630만 원이 된다.

　　　　12,631,578엔×(₩10/1 ¥)=1억 2,630만 원

다섯째, 투자금액에 대한 실질수익률을 계산하면 26.3%가 된다.

　　　　(1억 2,630만 원/1억 원-1)=26.3%

③ 위의 내용을 간단히 계산하면 다음과 같다.

- 실질수익률=평가액/투자액-1=(300×10)/(250×9.5)-1
  =26.3%

환율이 변동할 때 유의(환율 헤지)

　해외펀드에 투자할 때는 펀드기준가격 등락에 따른 손익 외에 펀드표시통화와 원화의 환율변동에 따른 환차손 위험이 커다란 투자부담이며, 이 환차손익은 과세표준 산정시 제외되므로 원화가치 상승(환율하락)의 경우 불리할 수 있다는 점을 유의하여야 한다. 따라서 해외투자펀드는 해당투자 유가증권의 가격상승분(기준가격 상승분)과 환차익부분의 크기에 따라 수익이 결정된다.

사실 해외투자펀드는 최근 선물환계약방법이 도입되면서 판매에 가속도가 붙기 시작했다. 선물환계약은 향후 투자만기시 외화를 원화로 다시 환전할 때 적용되는 원화 환율을 투자시점에 미리 고정하는 것을 뜻한다.

예를 들어 현재 환율이 (₩1,000/1$)일 때 투자자금 1천만 원을 달러로 환전하면 1만 달러를 받게 된다. 만약 옵션계약을 해서 투자만기 시점인 1년 뒤 행사가격이 (₩1,050/1$)인 콜옵션을 매수하였다면, 1년 뒤 원화환율에 관계없이 투자원금 1만 달러를 1,050만 원으로 매수할 수 있는 권리를 갖게 된다.

이러한 경우 환율이 (₩1,050/1$) 이상으로 올라가면 그만큼 이익을 얻는다. 그러나 환율이 떨어지면 옵션매입에 소비한 프리미엄은 손해를 본다. 이러한 파생상품 계약은 환율변동에 따른 손실을 방어한다는 점이 부각되며 해외투자펀드 판매에 일조했다. 환손실을 우려하는 투자자에게는 이러한 옵션계약을 통한 외환 헤지는 분명 좋은 투자 방법이다.

해외투자펀드는 외국계 은행과 국내 증권사 등에서 판매한다. 투자대상도 주식이나 채권 같은 유가증권에서부터 금 같은 실물까지 다양하다. 분산투자를 선호하는 투자자라면 국내투자 펀드간 분산뿐만 아니라 해외투자펀드를 통해 다양한 투자대상과 지역에 대한 분산투자를 고려할 필요가 있다. 이때 달러화뿐만 아니라 유로화·엔화·위안화 등 다양한 통화로 설정된 펀드에 분산투자한다면 별도의 환율변동에 대비한 헤지 비용을 들일 필요 없이 환위험을 제거

할 수 있다. 즉 지역별 분산투자뿐만 아니라 통화별 분산투자를 하면 환위험을 효율적으로 관리할 수 있다.

해외펀드는 또한 분산투자 이외에 특정 외화자산을 보유함으로써 향후 환차익까지 얻을 수 있다는 장점도 있다. 환손실에 대한 두려움을 떨칠 수 있다면, 해외투자펀드는 국내 금융시장의 변동성이 커지는 요즈음 성공적인 투자를 위한 훌륭한 선택이 될 수 있다.

5 황금펀드 (달러가격의 하락이 예상될 때)

2004년에 시행된 자산운용업법으로 2005년 한 해에는 다양한 유형의 펀드에 대한 투자가 투자의 주류를 이루었다. 이 법에 따르면 간접투자대상 상품의 범위를 유가증권 등의 금융자산뿐만 아니라 부동산, 황금, 선박, 곡물, 영화, 원자재 등 실물자산에까지 확대하였다. 이에 발맞추어 실물자산의 대표주자인 황금(gold)이 투자대상으로 관심을 끌고 있다.

금가격은 영국금속거래소의 현물가격을 기준으로 한다. 최근 오일쇼크와 이라크 전쟁의 장기화로 금융시장이 폭락하더라도 국제시장에서 금가격이 상승하는 점에 착안한 펀드이다.

달러약세가 예상될 때 실물자산(금) 가격 상승

금펀드는 세계 경기의 호황에 따른 인플레이션이 지속되면 실물자산만이 이에 적절한 헤지 수단이 되는 성질을 이용한 것이다. 금펀드는 실물자산의 대표주자인 금가격의 변동 특성을 이용하여 투자자에게서 모은 자금을 금에 투자하여 얻은 수익을 투자자에게 분배하는 상품이다.

일반적으로 금가격은 인플레이션의 압력이 커질수록 상승한다. 반면 달러 가격과는 반대로 움직여 달러화가 강세이면 금가격은 하락하고, 달러 가격이 약세이면 금가격은 상승한다. 따라서 금가격은 인플레이션이 진행되거나 금융시장이 불안할 때 안전한 투자수단으로 인정받고 있다.

금펀드의 상품구조

최근 국내 펀드시장에 등장한 금펀드는 두 가지 유형의 운용구조를 가지고 있다. 첫째는 펀드 설정 초기와 비교하여 만기시점에 국제 금가격이 하락하면 원금이 보존되고, 금가격이 상승하면 일정한 수익률이 보장되는 펀드이다.

또 다른 운용구조는 금가격이 일정 범위 내에 유지될 때 유리한 펀드이다. 투자기간에 국제 금시장 가격이 가입시점과 비교하여 특정 범위 내에서 머무르면 만기에 일정 수준의 수익률이 유지되고, 이 범위를 약간 벗어나도 금리 수준의 수익률을 지급하며, 이 범위를 완전히 이탈하더라도 원금은 보존되는 구조이다.

이러한 상품의 운용구조는 투자금액의 절대액을 채권 등에 투자하고 나머지는 레버리지 효과가 큰 선물이나 옵션을 이용하여 수익률을 올리도록 만든 상품이다. 그러나 이러한 상품을 운용하기 위해서는 금가격의 기준이 되는 영국 런던귀금속시장협회가 발표하는 금가격 변동추세에 정통한 전문가가 필요함과 아울러 상품선물을 이용하기 위한 시스템을 갖추어야 한다.

이러한 상품은 안정성과 유동성을 강화하기 위해 자산의 95% 이상을 국내 국공채 등 안정자산 위주로 투자하며, 5% 이내만 금연계 해외 파생상품에 투자해 초과수익을 노린다. 환매는 언제든지 가능하지만 1년 미만에 중도해지하면 이익금의 100% 또는 환매금액의 3% 중 큰 금액으로 중도해지 수수료를 내야 한다.

투자자들은 인터넷(www.lbma.org.uk)에서 언제든 국제 금가격의 변동을 확인할 수 있다. 금을 비롯한 실물자산 투자의 장점은 주식, 채권 등 기존 금융상품과는 달리 인플레이션에 대한 헤지가 가능하다는 것이다. 특히 금가격은 미래의 불확실성이 커질수록, 인플레이션 압력이 높아질수록, 달러가격이 약세를 유지할수록 상승하는 가격패턴을 보인다.

6 실물자산펀드 (심한 인플레이션이 예상될 때)

실물자산펀드(commodity fund)는 올해의 증권시장을 작년과는 달리 장기적으로 예측하기 어렵거나 부정적으로 보는 보수적인 투자자가 상대적으로 안정적인 수익을 얻을 수 있는 펀드로, 유가증권 펀드에 대한 대안펀드라고 할 수 있다.

요즘 대안투자로 부상한 실물자산펀드는 말 그대로 실체가 있는 자산, 즉 부동산, 영화, 석유, 금, 선박 등에 투자한다고 해서 붙은 이름이다. 실물자산펀드는 원유·농축산물·귀금속 등의 가격을 종합적으로 나타내는 대표적인 지수 또는 이와 관련된 파생상품에 투자하여 그 수익을 투자자에게 분배하는 펀드이다.

이러한 상품자산 가격을 종합적으로 나타내는 지수에는 CBC, 골드만삭스 상품지수, 런던귀금속협회지수 등이 있다.

그런데 최근 판매 중인 실물펀드의 내용을 보면 실제 실물에 투자하는 펀드는 극소수이며, 대부분 실물자산과 연계된 파생상품에 투자한다. 일반적으로 자산의 95%를 채권에 투자하고 5% 내외만을 금 관련 해외 파생상품(선물이나 옵션)에 투자한다. 95%를 채권에 투자하기 때문에 1년 뒤 원금은 보장되며, 레버리지 효과가 큰 파생상품을 운용하여 수익을 얻고자 하는 상품구조이다. '석유펀드' 역시 95%를 채권에 투자하고, 나머지 5%를 서부텍사스중질유(WTI) 선물과 연계된 워런트(warrant)에 투자한다.

따라서 정확히 말하면 실물펀드라기보다는 채권형펀드라고 해야 할 것이다. 미국에서는 특정 투자대상자산을 펀드명으로 사용하기 위해서는 운용자산의 80% 이상을 대상자산에 투자하도록 규제하지만 국내에는 그와 관련된 특별한 규정이 없다.

이러한 실물자산펀드 투자에 성공하기 위해서는 무엇보다 기초자산인 부동산, 원유, 금 등 실물자산의 가격흐름을 전문가의 도움을 받아 잘 알아야 한다. 이들은 대부분 3~5년 등 만기가 정해진 '폐쇄형' 상품이기 때문에 만기시점 상품가격이 어떻게 될지 잘 예측해야 한다. 따라서 단기자금을 운용하기에는 적절하지 않은 상품이다.

그러나 실물자산펀드의 특징은 금융자산과는 달리 인플레이션 헤지 기능이 강하다는 것이다. 경기가 상승추세에 진입하여 경제활동이 활발해지면 원자재가격의 상승률이 물가상승률 이상으로 올라가게 되므로 인플레이션을 충분히 헤지할 수 있게 된다. 또한 증권시장과 상품시장은 가격이 상반되게 움직이므로 유가증권 투자수익률이 저조할 때에는 실물자산에 분산투자함으로써 분산투자의 효과를 충분히 얻을 수 있다.

또한 실물자산투자는 상품자산에 직접 투자하는 것이 아니라 상품관련 선물 등 파생상품에 투자하는 것이기 때문에 현물자산 가격의 특성상 품귀현상이 나타날 때 가격이 폭등하여 선물가격과의 괴리가 매우 커지게 된다. 이때 현물상품과 선물지수의 가격괴리를 이용한 프로그램매매에 따른 차익거래를 이용하여 좀더 안정된 수익을 얻을 수 있다.

실물자산펀드는 과거 통계치를 보아도 주식이나 채권보다는 높은 수익률을 보여주는 것이 사실이다. 가격변동성 때문에 위험도도 높지만 수이률도 높으므로 충분한 투자대상이 될 수 있다. 따라서 과거 유가증권 투자에 만족하지 못하는 투자자에게 더욱 많아진 투자대상자산에 대한 선택의 폭을 넓혀주는 게 사실이며, 포트폴리오 구성에서 효율성을 증대시켜 주고 있다.

그러나 실물자산펀드는 투자에 따르는 위험이 많다. 실물자산의 가격변동폭이 금융상품보다 크기 때문에 유가증권 투자에 못지않게 투자손실의 위험이 크게 나타난다. 따라서 상품펀드에 단독투자하기보다는 유가증권펀드에 대한 투자와 병행하여 분산투자에 따른 효과를 충분히 활용하여야 한다.

7장

유형별 펀드투자

1 대상자산 검토

주식형펀드

  2006년에도 세계 경제가 2005년과 동일한 수준(4.2%)으로 성장할 것으로 예상된다. 특히 강한 회복세를 보이는 일본, 중국, 인도를 중심으로 한 아시아 경제가 호조를 계속 유지할 것으로 전망한다. 또한 러시아, 터키, 동유럽 등 이머징 유럽(Emerging Europe) 투자펀드도 유망할 것으로 전망한다.

  국내 경제도 경기 회복과 함께 증시의 활황세가 지속될 것으로 생각한다. 물론 유가상승과 금리인상, 원화 평가절상이라는 세 가지 복병이 도사리고 있으나 그 영향은 크지 않을 것으로 본다. 따라서 주가조정의 가능성에 대비한 헤지 전략도 고려하는 것이 현명한 투자가 될 것이다.

국내 주식형펀드는 실적대비 저평가된 우량기업이나 중국 관련 기업이 좋은 투자대상이 될 것이다. 특히 해외투자와 국내투자를 절반씩 분산투자하는 것을 권한다.

채권형펀드

채권은 정기적으로 이자가 나오고 만기에 원리금을 상환받는다. 또한 은행 예금보다 높은 확정 이자를 얻을 수 있어서 투자위험을 싫어하는 장·노년층의 재산증식 수단으로 적절하다. 장기간 주가가 너무 올라서 앞으로 대세 하락장세가 예상될 경우 주식형펀드는 위험이 매우 크다. 아무리 적립식투자라고 하더라도 고가에 평준화 매입의 결과가 될 수 있기 때문이다. 따라서 이러한 경우에는 채권형펀드에 투자하는 것이 현명하다.

가격변동의 위험이 높을수록 적립식투자의 효과가 크게 나타나기 때문에 10년 이상 장기투자할 때는 주식형펀드가 바람직하며, 3년 이내로 단기투자할 때는 채권형펀드가 바람직하다.

적립식이 아닌 일반 채권형펀드에 투자했을 때 금리가 급상승하면 원금손실의 위험이 있으나, 채권형이라도 적립식펀드에 투자하면 금리 상승기에도 수익을 낼 수 있다. 또한 환매제한기간이 짧아 유동성이 높다는 장점이 있다. 채권형펀드에 투자할 경우 우량기업이면서 저평가되었거나 신용등급 상승의 가능성이 있는 회사채에 투자하는 것이 현명하다.

부동산펀드

2005년 8·31조치 이후 국내 부동산 시장은 냉각되어 있으며 이러한 분위기는 2006년에도 지속될 것으로 보인다. 그 이유는 금리상승에 대한 부담감과 정부의 부동산 억제정책 때문이다. 금리가 크게 상승되면 시중의 부동자금은 부동산을 떠나 금융기관으로 모이고 투자심리도 크게 위축될 것이다.

주택가격은 조정을 보일 것으로 예상되며, 토지는 부분적으로는 상승하지만 전반적으로는 소폭 상승에 그칠 것이다. 일반직으로 부동산펀드의 투자대상은 실물구입, 개발사업, 임대사업 나아가 해외 부동산 펀드투자 등 다양하나, 원천적으로 투자의 실익은 없으므로 현재로서는 투자하지 않는 편이 현명할 것으로 보인다.

대안펀드

대안펀드는 실물자산인 금·원유·선박 등에 투자하는 펀드로, 절대수익률 실현을 목표로 한다. 특히 달러 약세가 예상되므로 금펀드가 상대적으로 유리할 것으로 보인다. 또한 원유가격 상승에 대비해 채권에 90% 이상을 투자하고, 나머지는 선물이나 옵션을 이용하여 원금을 보존하면서 절대수익을 추구하는 것이 유리할 것이다.

은행예금

은행의 예금은 될 수 있는 한 비중을 크게 하지 않는 것이 좋다. 안정성과 유동성을 위해 어느 정도 예금은 필요하지만 금리가 점차 오르는 분위기를 감안하면 금리연동형 저축이 유리할 것으로 보인다.

2 포트폴리오 구성

투자자의 성향을 세 가지 유형(성장형, 중간형, 안정형)으로 구분하여 펀드로 포트폴리오를 구성하였다.

성장형펀드(30~40대 취업자)

이 스타일의 투자자는 현재 직업이 있고 일정 수입이 있는 투자자로, 리스크에 큰 비중을 두지 않았다. 현금 유동성에 대한 대비는 현직에 있음을 감안하여 무시하였다. 국내주식과 외국주식 펀드를 각각 30%씩 하고 인플레이션에 대비한 실물자산펀드 20% 그리고 금리연동 예금 또는 채권형펀드에 20% 수준으로 분산하였다. 단 외국펀드는 달러가 아닌 현지통화 베이스라면 환율위험이 없을 것이다.

금리변동예금도 세금우대상품을 이용한다.

① 국내 주식형펀드 : 30%

　(저평가된 우량주 중심으로 5～10년 적립식으로 가입)

② 아시아 주식펀드 : 20%

　(일본, 중국, 인도 등 주식형펀드)

③ 이머징 유럽펀드 : 10%

　(터키, 러시아, 동유럽 등 주식형펀드)

④ 실물자산펀드 : 20%

　(달러약세에 대한 헤지로 금·원유펀드 가능)

⑤ 금리연동 정기예금 : 20%

　(고금리의 제2금융권 상품 이용)

안정성장형펀드(40～50대 퇴직예정자)

이 스타일의 투자자는 현재 직업이 있으나 은퇴가 가까운 투자자로, 리스크를 다소 감안하였다. 현금 유동성에 대한 대비는 아직 현직에 있음을 감안하여 약간 하였다. 국내주식과 외국주식펀드에 각각 20%, 30%를 투자하고 인플레이션에 대비한 실물자산펀드 20% 그리고 금리연동예금에 20%, 나머지 10%는 유동성을 위하여 신종 MMF에 분산하였다.

단 외국펀드는 달러가 아닌 현지통화 베이스라면 환율위험 헤지가 가능할 것이다. 금리변동예금도 세금우대상품을 이용한다.

① 국내 주식형펀드 : 20%
　　(저평가된 우량주 중심으로 5~10년 적립식으로 가입)
② 아시아 주식펀드 : 20%
　　(일본, 중국, 인도 등 주식형펀드)
③ 이머징 유럽펀드 : 10%
　　(터키, 러시아, 동유럽 등 주식형펀드)
④ 실물자산펀드 : 20%
　　(달러약세에 대한 헤지로 금·원유펀드 가능)
⑤ 금리연동 정기예금 : 20%
　　(고금리의 제2금융권 상품 이용)
⑥ 신종 MMF : 10%

안정형펀드(50대 이후 퇴직자)

이 스타일의 투자자는 현직이 없는 은퇴자 또는 이에 가까운 투자자로, 리스크를 상당히 감안하였다. 현금 유동성에 대한 준비가 필요함을 감안하여 약간 배려하였다.
　국내주식과 외국주식 펀드에 각각 20%를 투자하고 원금보존형에 20%, 인플레이션에 대비한 실물자산펀드 20% 그리고 금리연동예금에 20% 수준으로 분산하였다. 단 외국펀드는 달러가 아닌 현지통화

베이스라면 환율 헤지가 가능할 것이다. 예금 등의 경우에도 세금우대 또는 비과세상품을 이용 한다.

① 국내 주식형펀드 : 20%

　(인덱스펀드 중심으로 3~5년 적립식으로 가입)

② 글로벌 자산배분펀드 : 20%

　(외국의 주식과 채권에 분산투자 펀드)

③ 원금보존펀드(채권형펀드) : 20%

　(원금이 보존되는 절대수익형 펀드)

④ 실물자산펀드 : 10%

　(달러약세에 대한 헤지로 금·원유펀드 가능)

⑤ 금리연동 정기예금 : 20%

　(고금리의 제2금융권 상품 이용)

⑥ 신종 MMF : 10%

> **TIP**
>
> • 금융의 연금술사 조지 소로스
>
> 조지 소로스는 약 19년 동안 복리로 연 34%의 수익률을 올림으로써 공모펀드의 자산운용으로 최고·최장의 수익률을 기록한 바 있다. 그가 만든 퀀텀펀드는 20억 달러 수준이고 펀드자산의 25%가 그의 소유이다. 그의 별명은 '20세기의 마이다스의 손, 세계금융계의 큰 손, 월가의 황제' 등 다양하며, 주위의 반응은 긍정적인 면과 부정적인 면이 함께 있는 천의 얼굴의 소유자라고 할 수 있다. 그는 국제적으로 움직이며 주식과 채권투기, 외환투기, 상품투기 나아가 기업 M&A 등을 통해서 막대한 부를 쌓았다. 주식도 신용거래를 하였으며, 현물이나 외환거래는 선물거래나 차입금을 이용한 거래를 즐겼다.

TIP

그는 자신의 저서 《금융의 연금술》에 나와 있는 1985년 8월부터 1986년 11월까지의 매매일지에서 자신의 예측에 대한 강한 의지와 엄청난 도박정신을 보여주었다. 이 일지에서 그는 6억 4,700만 달러가 1년 정도 지난 뒤 14억 6,100만 달러로 증가하는 과정을 보여주었다. 그의 투자원칙은 첫째, 시작은 작게 하라. 일이 되어 가면 규모를 늘려라. 둘째, 시장은 우둔하다. 모든 것을 다 알려고 하지 마라. 셋째, 처음부터 자신의 위험수준을 결정하라이다.

조지 소로스는 우리나라 외환위기에도 깊숙이 개입되어 있다. 1998년 1월 4일, 당시 김대중 대통령 당선자는 자택에서 조지 소로스와 만찬을 함께 했다. 외환위기가 휘몰아치던 당시에 DJ와 소로스의 만남은 국민의 눈길을 끌기에 충분했다. 두 사람은 한국의 외환위기 타개방안에 대해 집중적으로 논의한 것으로 알려졌으며, 이 자리에서 소로스는 "한국 외환위기 극복은 미국 월가의 대한국 투자마인드를 회복하는 게 핵심"이라며 "내가 도울 수 있는 한 돕겠다"고 말하여 경제난으로 고통받던 국민에게 언뜻 구세주처럼 보였다. 물론 DJ는 소로스의 이 같은 답변에 환영의 뜻을 표하면서 "모든 걸 국제기준에 맞추겠다"고 답했다. 이는 대통령 당선자와 세계 금융계의 큰손이 한국의 경제위기를 타개하기 위한 협력을 약속하는 감동적인(?) 장면이었다.

소로스가 처음 한국에 발을 디딘 것은 1992년 말이었다. '소로스 펀드'가 먼저 상륙했고 약 4,000억 원에 달하는 투자자금이 한국에 집중적으로 쏟아져 들어왔다. 그러나 1996년 한국 경제의 거품이 빠지기 시작하고 외환시스템에 잇따른 경고등이 켜지면서 소로스는 1996년 단돈 300억 원만을 남겨놓은 채 모든 투자자금을 회수해 나갔고, 1997년 싱가포르 역외 선물환 시장에서 원화를 대량 매도해 원화가치 폭락을 불러일으켰다. 이와 때를 맞춰 다른 외국인 펀드들도 보유하고 있던 한국 주식을 대거 팔아치웠고, 한국은 점점 깊은 외환위기의 수렁에 빠지게 되었다. 결국 한국의 외환위기에 그는 원인제공자 역할을 담당했고, 한국뿐만 아니라 동남아와 남미에서도 똑같이 행동하였다는 점에서 우리에게 대접받을 인물은 아니었다.

그런 그가 1998년 다시금 한국에 들어왔을 때 DJ조차 그를 반긴 이유는 무엇일까. 그 이유는 부족한 외환보유고를 채우고 경제난을 타개하기 위해서는 외국인 투자자 유치가 절실했기 때문이다. 출국 기자회견에서 소로스는 투기자본과 헤지 펀드의 속성을 그대로 드러냈다. 그리고 실제 소로스는 한국 증시에 대거 돈을 쏟아부으며 증시열풍을 주도하기 시작했고 바닥을 모른 채 하락하던 주가는 급격한 상승세를 기록했다. DJ는 소로스

TIP

의 요구에 따라 국제기준에 맞춰 외국인의 보유지분한도를 풀어주었고 따라서 외국인 자본이 국내 기업들의 주식을 대거 사들이면서 외국 자본에 의한 국내기업의 지배력은 절대화되었다.

소로스는 이를 절묘하게 이용하여 서울증권을 인수, 자신의 속내를 감춘 약속이행이라는 가면을 뒤집어썼다. 소로스는 국내 기업들의 지분 인수와 매도를 통해 엄청난 차익을 챙기기 시작했고, 취약한 한국 증시를 마음대로 주무르면서 자신의 의도대로 한국 증시를 이끌고 갔다. 소로스는 러시아를 비롯해 세계 각국에 투자해 막대한 이익을 얻기도 했지만 엄청난 피해를 보기도 했기에 그가 한국에 투자하기 시작한 것은 세계 각국에 투자하는 과정에서 발생한 손해를 만회하기 위한 것일 뿐 그 이상도 그 이하의 이유도 없었다.

부록   국내 자산운용사

회사명	대표전화	주소
골든브릿지자산운용	02-360-9555	서울시 서대문구 충정로 3가 222
교보투신운용	02-767-9600	서울시 영등포구 여의도동 26-4
굿앤리치자산운용	02-783-4321	서울시 영등포구 여의도동 36-1
글로벌에셋자산운용	02-780-2545	서울시 영등포구 여의도동 23-5
기은SG자산운용	02-727-8800	서울시 중구 을지로 1가 87
농협CA투신운용	02-368-3600	서울시 영등포구 여의도동 23-6
대신투신운용	02-769-3247	서울시 영등포구 여의도동 34-8
대한투신운용	02-3771-7114	서울시 영등포구 여의도동 27-3
도이치투신운용	02-724-7400	서울시 종로구 서린동 33
동부투신운용	02-787-3700	서울시 영등포구 여의도동 36-5
동양투신운용	02-3770-1300	서울시 영등포구 여의도동 23-8
랜드마크자산운용	02-3774-0800	서울시 영등포구 여의도동 23-3
마이다스에셋자산운용	02-3787-3500	서울시 영등포구 여의도동 23-3
마이애셋자산운용	02-3774-6114	서울시 영등포구 여의도동 34-9
맥쿼리IMM자산운용	02-3782-2300	서울시 중구 소공동 110
미래에셋맵스자산운용	02-767-9900	서울시 영등포구 여의도동 45-1
미래에셋자산운용	02-3774-1600	서울시 영등포구 여의도동 45-1
미래에셋투신운용	02-3774-1500	서울시 영등포구 여의도동 45-1
산은자산운용	02-3774-8000	서울시 영등포구 여의도동 23-6
삼성투신운용	02-3774-7600	서울시 영등포구 여의도동 36-1
슈로더투신운용	02-3783-0500	서울시 중구 태평로 1가 84
신영투신운용	02-2004-9500	서울시 영등포구 여의도동 34-8
신한BNP파리바투신	02-767-5777	서울시 영등포구 여의도동 23-2
아이투신운용	02-3215-3000	서울시 영등포구 여의도동 23-2
알리안츠글로벌인베스터스자산운용	02-3771-2900	서울시 영등포구 여의도동 23-3

회사명	대표전화	주소
알파에셋자산운용	02-769-7600	서울시 영등포구 여의도동 25-12
우리자산운용	02-789-0300	서울시 영등포구 여의도동 23-4
유리자산운용	02-2168-7900	서울시 영등포구 여의도동 35-3
조흥투신운용	02-3770-3950	서울시 영등포구 여의도동 23-8
칸서스자산운용	02-2077-5000	서울시 영등포구 여의도동 23-2
태광투신운용	02-2002-7500	서울시 종로구 신문로 1가 226
푸르덴셜자산운용	02-3770-7020	서울시 강남구 역삼동 838
프랭클린템플턴투신	02-3774-0600	서울시 영등포구 여의도동 12
플러스자산운용	02-3787-2700	서울시 영등포구 여의도동 27-2
피델리티자산운용	02-3783-0901	서울시 중구 태평로 1가 84
한국투신운용	02-3276-4700	서울시 영등포구 여의도동 27-1
한일투신운용	02-2129-3300	서울시 영등포구 여의도동 23-9
한화투신운용	02-3772-6000	서울시 영등포구 여의도동 23-5
현대와이즈자산운용	02-3453-5011	서울시 강남구 대치3동 942번지
CJ자산운용	02-727-2700	서울시 중구 장교동 1
KB자산운용	02-2167-8200	서울시 영등포구 여의도동 23-2
KTB자산운용	02-788-8400	서울시 영등포구 여의도동 45-2
PCA투신운용	02-2126-3500	서울시 영등포구 여의도동 23-2
SEI에셋코리아자산	02-3788-0500	서울시 중구 을지로 1가 87

**중앙경제평론사
중앙생활사**

Joongang Economy Publishing Co./Joongang Life Publishing Co.

중앙경제평론사는 앞서가는 오늘, 보다 나은 내일이라는 신념 아래 설립된 경제·경영 전문 출판사로서 성공을 꿈꾸는 직장인, 경영인에게 전문지식과 자기계발의 지혜를 주는 책을 발간하고 있습니다.

누구나 쉽게 할 수 있는 실전 적립식펀드 투자 길라잡이

초판 1쇄 발행 | 2006년 5월 23일
초판 2쇄 발행 | 2007년 5월 15일

지은이 | 김재욱(Jaeuk Kim)
펴낸이 | 최점옥(Jeomog Choi)
펴낸곳 | 중앙경제평론사(Joongang Economy Publishing Co.)

대　표 | 김용주
편　집 | 한옥수·최진호
기　획 | 박기현
디자인 | 유문형·박성현
마케팅 | 이능기
인터넷 | 김희승

잘못된 책은 바꾸어 드립니다.
가격은 표지 뒷면에 있습니다.

ISBN 89-88486-94-3(04320)
ISBN 89-88486-53-6(세트)

등록 | 1991년 4월 10일 제2-1153호 주소 | ㉾100-430 서울시 중구 흥인동 3-4 우일타운 707·708호
전화 | (02)2253-4463(代) 팩스 | (02)2253-7988
홈페이지 | www.japub.co.kr 이메일 | japub@naver.com | japub21@empal.com
♣ 중앙경제평론사는 중앙생활사와 자매회사입니다.

Copyright ⓒ 2006 by 김재욱
이 책은 중앙경제평론사가 저작권자와의 계약에 따라 발행한 것이므로 본사의 서면 허락 없이는 어떠한 형태나 수단으로도 이 책의 내용을 이용하지 못합니다.

▶ 홈페이지에서 구입하시면 많은 혜택이 있습니다.

※ 이 도서의 국립중앙도서관 출판시도서목록(CIP)은 e-CIP 홈페이지(www.nl.go.kr/cip.php)에서 이용하실 수 있습니다.(CIP제어번호: CIP2006000996)

중앙경제평론사 재테크 시리즈

❶ 무역실무 아는 만큼 수출입 쉽게 할 수 있다
수출·수입의 핵심 포인트, 무역서류의 작성과 수속절차 해설! 인터넷 무역시대의 실전무역을 그림으로 알기 쉽게 설명!
기무라 마사하루 지음 | 권영구 편역 | 신국판 | 328쪽 | 12,900원

❼ 돈버는 프랜차이즈 쉽게 배우기
프랜차이즈 시작 전 알아두어야 할 필수사항 소개 및 프랜차이즈의 효율적인 운영방법과 성공적인 마케팅 전략 제시.
이광종 지음 | 신국판 | 276쪽 | 10,000원

❽ 초보자가 가장 알고 싶은 실전 부동산 경매입문 (최신판)
경매의 진행절차, 경매정보 보는 요령, 저렴하게 내 집 마련하는 방법, 경매 취하 및 응찰요령 등을 설명.
전철 지음 | 신국판 | 272쪽 | 12,000원

❾ 당신도 무역을 할 수 있다
실무를 위한 무역실무, 수출입 실전사례, 초보자를 위한 어드바이스 등의 내용을 수록한 창업을 위한 무역 입문서.
이기찬 지음 | 신국판 | 304쪽 | 12,000원

❾ 단돈 100만원만 있어도 창업할 수 있다
실전 창업의 달인이 들려주는 실업난과 불황시대를 뛰어넘는 소자본 창업 성공전략서!
정병태 지음 | 신국판 | 344쪽 | 13,900원

㉑ 프랜차이즈 알고 창업하면 성공한다 ❷ 창업편
프랜차이즈의 장단점 및 인기 비결 등 전문가의 진단으로 예비 창업자를 위한 알찬 정보를 제공한다.
박원휴 지음 | 신국판 | 292쪽 | 12,000원

⓯ 창업귀신이 되지 않으면 성공은 없다
창업준비에서 창업실무·경영실무까지 핵심을 짚어가며 구체적으로 소개한 소자본 점포창업 지침서.
박경환 지음 | 신국판 | 532쪽 | 14,500원

㉒ 재개발·재건축 투자 어떻게 할까요? (최신 개정판)
도급제, 비례율, 감정평가액 등 관련용어에서부터 원리와 방법, 성공 노하우까지를 초보 투자자의 입장에서 짚어 보았다.
전철 지음 | 신국판 | 336쪽 | 15,000원

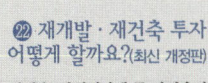

⓰ 오퍼상이나 해볼까? (최신 개정판)
프로 오퍼상의 생생한 현장 경험과 다양한 실전사례가 망라된 오퍼상 창업 실무지침서.
이기찬 지음 | 신국판 | 316쪽 | 12,000원

㉖ 프랜차이즈 사업 당신도 쉽게 할 수 있다
10여 년간 현업에 종사하면서 실전경험을 쌓아온 저자가 프랜차이즈 예비창업자들이 최대한 실패의 위험을 줄이고 창업에 성공할 수 있는 방법을 11단계 과정별로 알기 쉽게 설명한 책이다.
서민교 지음 | 신국판 | 392쪽 | 15,000원

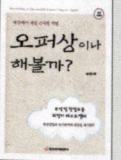

중앙경제평론사 화제의 책 & 직장인 실용서

무역영어 이렇게 하면 된다
무역 초보자들을 위해 무역영어의 실상을 다양한 각도에서 알기 쉽게 설명한다. 무역영어에서 주로 사용되는 핵심 표현과 혼동하기 쉬운 표현 등을 소개, 실전에서 응용해 쓰도록 정리한 무역영어 기본 지침서이다.

이기찬 지음 | 신국판 변형(양장) | 152쪽 | 12,000원

현명한 코칭이 인재를 만든다
소개된 30가지 코칭 원칙은 현재 자신이 처한 상황을 보다 효율적으로 다룰 수 있음은 물론 빠른 시간에 성공적인 성과를 올릴 수 있는 길로 안내한다.

마크 데이빗 지음 | 신국판 변형(양장) | 104쪽 | 9,800원

보험 잘 들면 인생 100배 즐겁다
변액보험, 유니버설보험 등 유망 보험상품 고르기, 보험가입시 유의사항, 보험 리모델링, 가입 후 체크사항 등 보험가입자들이 꼭 알아야 할 정보를 알기 쉽게 설명한다.

김동범 지음 | 신국판 | 320쪽 | 12,900원

자기관리 성공노트
성공을 꿈꾸는 사람들에게 현재 자신이 보유하고 있지만 사용하지 않는 에너지와 재능, 즉 잠재력을 효과적으로 개발할 수 있게 도와주는 52가지 자기관리 원칙을 제공한다.

마크 데이빗 지음 | 신국판 변형(양장) | 160쪽 | 9,800원

무역실무 이것만 알면 된다
장황한 이론은 생략하고 무역초보자들이 꼭 알아두어야 할 필수사항만을 간추려 설명한 책으로 누구나 자신감을 가지고 무역업을 시작할 수 있게 실전위주로 엮은 무역 안내서이다.

이기찬 지음 | 신국판 변형(양장) | 156쪽 | 12,000원

균일가 무점포 창업으로 장사기술 배우기
균일가 무점포 사업의 대부인 저자의 치열한 삶의 궤적과 독창적 사업 노하우를 설명한 책으로 창업의 꿈을 가진 사람들에게 희망의 메시지를 전해준다.

정창길 지음 | 신국판(양장) | 168쪽 | 10,900원

세계를 향한 끝없는 도전
27년 간 무역을 비롯한 다양한 국제비즈니스의 최일선에서 일해온 저자가 온갖 난관을 극복하고 성공하기까지의 과정을 감동적으로 서술한 자전 에세이이다.

이기찬 지음 | 신국판 | 244쪽 | 9,900원

땅따로? 집따로? 함께 보는 부동산투자
토지 투자에 대한 일반인들의 투자 유형과 유통구조, 관련법규, 건축, 분양, 세무, 법무, 대출, 감정평가 등 실무사례를 종합적으로 다루고 있다.

이완기 지음 | 신국판(양장) | 388쪽 | 17,500원

경제 아는 만큼 보인다
오랜 한국은행 근무경력이 말해주듯 국내외 경제흐름에 정통한 저자가 학생에서 일반직장인까지 꼭 알아야 할 최신 경제지식을 알기 쉽게 정리한 책이다.

조성종 지음 | 신국판 | 284쪽 | 10,900원

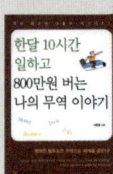

한달 10시간 일하고 800만원 버는 나의 무역 이야기
비즈니스 세계의 영원한 블루오션 무역으로 돈과 시간, 그리고 자유의 꿈을 실현해가는 한 청년의 감동적이고도 생생한 현장 무역이야기가 펼쳐진다.

이문영 지음 | 신국판 | 384쪽 | 12,900원